JN125610

PROJECT DIRECTION

小久保重信

中堅・中小企業のための

確実に結果に導く

プロジェクトディレクション

同文舘出版

はじめに

「プロジェクトマネジメント」という言葉に聞き覚えがあっても、「プロジェクトディレクション」という言葉については、初めて耳にする方も多いのではないでしょうか?

　プロジェクトディレクションとは、企業の課題解決に向けたプロジェクトの結果に焦点を当て、その結果を最大化するための考え方です。

　同時に、プロジェクトの進行中、目的を見失うことなく、解決の取り組みの整合性を取りながら、ひとつの方向（ディレクション）に向かって最後までやり切るための方法論とも呼べるものです。

　これまでのビジネスシーンでは、企業の改革活動を成功させるためにプロジェクトマネジメントについて論じられる局面が多くありました。プロジェクトマネジメントをいかにうまくやるかについては、多くの書籍で論じられてきているでしょう。

　プロジェクトマネジメントとは、「プロジェクトチームが最大の能力やパフォーマンスを発揮できるように支援し、リソースを有効活用すること」です。

　テクニカルな論法であるがゆえに、その前にあるべきはずの軸となるものを捉えておかないと、テクニックを持っていても宝の持ち腐れになってしまいます。

一方、プロジェクトディレクションは「将来のビジョン（目的や方向性、構想）に向かって、プロジェクトメンバーを先導すること」に焦点を当てています。

　つまり、メンバーが迷ったり、コースを外れたりしないように手段を講じ、間違った内容や想いで実行をしないように導くための、フラッグシップの機能を果たす「軸となる考え方」なのです。

　今、企業の改革、特に中堅・中小企業の改革は大変難しくなっています。情報システムのように単一の施策（ソリューション）や世間一般に知られている標準的な方法論を使っても、中堅・中小企業の抱える問題が解決できないことのほうが多くなってきているのです。

　大半の企業は人手、時間、お金をかけたにもかかわらず結果を出せず、活動が徒労に終わっています。構想通りに実現しても、設計した通りに情報システムができあがっても、結果に結びつかない。実現できても結果が出ない。実現できても結果に満足できない。結局、かけた人、時間、お金、そして社員のやる気を無駄にしてしまっています。そのような苦い思いを経験している中堅・中小企業はたくさんあります。

　なぜそうなってしまうのでしょうか。実は、そこには中堅・中小企業に特有の事情があるからにほかなりません。例えば、このようにです。

　①問題の要因が多岐にわたり、複雑に絡み合っている

②会社の成り立ちや立ち位置、コアが企業ごとに違う

③"仕組み"ではなく"人"で動いている（企業として当たり前のことがなされていなかったり知られていない）

④改革活動の経験が乏しい

　中堅・中小企業が改革活動で結果を出すためには、個々の企業特有の事情に気づき、それを踏まえて、改革活動の取り組み方を変えなければなりません。この時に必要な概念が次のようなものになります。

①「課題を解決する」という視点に立って、さまざまに必要な手法を組み合わせる

②「構想（想い）⇒要件（構造）⇒仕組み（作業の一連の流れ）」をつなぐコミュニケーション

③「Why」「What」「How」の関係者や現場の納得感を得る

④個々の部門で実施する内容がバラバラにならないように、向かう方向を間違えないように最後まで束ねて導いていく

　この概念を具現化する時、プロジェクトマネジメントでは力不足であることは否めません。そこで、プロジェクトをマネジメントする以前に「ディレクションする」という新たな考え方と、それを実行するプロジェクトディレクター（改革活動を導くキーパーソンたち）を導入していく必要があるのです。

中堅・中小企業が結果を得るには、新たな取り組み方を実践し、人、お金、時間という制約の中で問題を解決することが重要です。特に、その中の重要な資源である「人」の力を無駄なく活動に使うことが必要であり、「人」の力を分散することなく同じ方向に向けて引っ張っていくための工夫が必要です。

「そんなことはコンサルタントが普通に考えていることではないのか」

　そう考える方もいるかもしれませんが、残念ながら、情報システム開発会社のコンサルタントやコンサルティング会社が作成した改革活動の資料を見て、企業の皆様が首をかしげるケースを多々見てきました。

「この資料って、うちの会社に当てはまるのか？」
「コンサルタントは、うちの会社のことを理解できているのか？」

　コンサルタントからの、当てはまるようで、当てはまらない指摘。それが横行するのは、企業の問題を平均化してアドバイスすることにより、コンサルティング自体のコスト削減を果たそうとするコンサルティングビジネスの弊害です。
　ビジネスを拡大し、コンサルタントをたくさん採用した場合、どうしてもコンサルタントの能力やスキルにばらつきが出てしまいます。しかし、コンサルタントの能力やスキルに関係なく、顧客とな

る企業に入れば、改革活動を進めて、問題を解決しなければなりません。

　そうなると、誰でもたやすく同じレベルでコンサルティングができるように、活動内容を均一化し、活動の手順や資料を標準化し、すべてを標準的なやり方で対応できるような方法論を準備することが少なくないのです。

　それは、製造会社が効率よく多量生産するために、部品を共通化し、作業を標準化し、プロでなくても同じ品質で製品をつくれるようにすることと同じです。

　コンサルティング会社も企業です。他の企業と同じように、ビジネスを拡大し、効率化して利益を出さなければなりません。そのためにつくり出した標準的な方法論は、コンサルティング会社のノウハウとも言えるものです。

　しかし、中堅・中小企業の改革活動は、標準的な方法論は通用しません。中堅・中小企業は、企業ごとに「ありたい姿」が違えば、取り組み施策も違います。企業を魅力的にする個性を残しつつ、効率化できるところは徹底的に効率化するような改革活動をしなければなりません。

　既成の製品では得られない満足感を、自分のライフスタイルに合ったオーダーメイドの製品を買うことで感じることができるのと同

じように、自社の状況に合わせたオーダーメイドのありたい姿や取り組み施策、そして実行課題の解決する手順をつくり上げていく。これこそが、中堅・中小企業の改革活動に結果をもたらす唯一無二の方法なのです。

　本書では企業全体が一体となって、結果が出る方向に最後まで導いていくプロジェクトディレクションという新たな考え方を中堅・中小企業にご紹介し、新たな解決の糸口を解説します。
　本書の中に点在するメッセージが、中堅・中小企業の皆様にとって、お悩みを解決に導くためのヒントになりますと幸いです。

中堅・中小企業のための
確実に結果に導くプロジェクトディレクション

目次

はじめに

1章 「変わりたいけど変われない」という病に侵された中堅・中小企業

2章 名経営者がやらない 改革活動の間違い

3章 プロジェクトディレクションを成功へ導く「3本の矢」

▌Column　物理的距離が心理的距離になる

4章 プロジェクトディレクションが改革活動を好転させる

おわりに

編集協力	新田哲嗣
カバーデザイン	二ノ宮 匡（ニクスインク）
本文デザイン	八木麻祐子（Isshiki）
DTP	Isshiki

序章

今、中堅・中小企業の変革に危険が伴っている

1 | 中堅・中小企業をじわじわと 蝕む「変われない病」の兆候

システム業界にはびこる 「顧客企業は面倒くさい」という噂

「最近の顧客企業は面倒くさい」

　ここ数年、システム開発会社から、とみに漏れ聞くようになったこの言葉。顧客側の企業からすると、耳を疑うような悪評です。顧客企業はあくまでクライアントですから、「面倒くさい」という表現は、顧客企業にとっては不謹慎極まりない言葉に聞こえるでしょう。しかし、その言葉の裏に隠れている実態を知ることは、顧客企業にとっても有意義なものになるはずです。

　システム開発会社にとっての顧客企業とは、次のような企業です。

- 新しく情報システムを導入したい
- AI や IoT のようなデジタル技術を活用したい
- すでに情報システムを使っているが、問題が出てきたため入れ替えたい（必要な機能の不足、機能の利便性が悪い、ハードウェアが古くなった等）
- 何らかの重要な課題が発生し、情報システムの導入・改修の必要が出てきた

　こうした企業が、「まずは相談を」とシステム開発会社に声をかけてきます。

　もちろんこれは昨日今日、にわかに起こったニーズではありません。情報システムの開発や導入、特にパッケージソフトウェアと言われる汎用性の高い既成のソフトウェアを使った情報システムの導入は、かれこれ20年以上も前から行なわれています。

　日本にパッケージソフトウェアが導入されはじめた当初は、システム開発会社自体も導入の仕方がわからないシーンがありました。しかし、試行錯誤を繰り返し、導入件数も経験も増えているシステム開発会社も数多くあり、すでにノウハウも溜まってきているはずです。

　また、プロジェクトマネジメントなどの方法論や「〜〜しなければならない」「〜〜するべからず」というような成功法も論じられてきています。書店に行けば、さも「この一冊を読めばすぐに問題解決！」という気にさせるような書籍も多く見つけられます。

　20年前はともかくとして、今のほうが情報システムの導入は楽になっていなければおかしいはずです。しかも、企業の課題を情報システムやデジタル技術で解決するという構図は20年前も今も変わっていないはずですから、どんどんと成功率が上がっていてもいいはずなのです。それなのに、「最近の顧客企業は面倒くさい」とプロフェッショナルのエンジニア集団が頭を痛めるという摩訶不思議な現象が起きてしまっているのです。

では「面倒くさい企業」とは、具体的にどのような企業のことなのでしょうか？

　言葉のイメージから想像しやすいのが、**「顧客企業がこれまで以上に実現し難い要求を出し、無理難題をシステム開発会社に押しつける」**ということです。

　顧客企業の皆さんからすると「ちょっと待ってください。そんな無茶振りをしているつもりはない」と思われるかもしれませんが、反論を恐れずに言えば、この嘆きの根底にはシステム開発会社に対するさまざまな悲しき誤解があると考えられます。

　例を出してみましょう。顧客企業の情報システム部門の主な仕事がパソコンのセッティングや社内ＬＡＮの敷設のみであり、情報システムの開発をやったことがある人がひとりもいなければ、どういうことが起きるでしょうか。つまり社内的に誰も情報システムやデジタル技術のことがわからないという環境であることです。

　情報システムについて多少は知見があるという人でも、開発を経験したことがなく、書籍などで知っているだけという可能性が高いのであれば未経験者とニアリーイコールになります。

　このような環境だと、顧客企業ないし情報システム担当者は何から手をつけて、何をすればいいのかよくわかららないという暗中模索の中で、システム開発会社に相談をします。

　しかも、システム開発会社が何をやってくれる会社なのかも、実はわかっていなかったりしますから、**「システム開発会社にお願いすれば、後はうまく引っ張っていってくれるだろう」**と他力本願な姿

勢のまま開発に着手してしまいます。

　さらに、知見や経験がないばかりに、情報システムやデジタル技術の守備領域をはき違えてしまうこともあります。一般的には情報システムやデジタル技術で担うべきことではないという領域まで**「やれるもの」「やってくれるもの」と思い込んでしまう**。こういうケースは枚挙にいとまがありません。

　別の例もあります。そもそも、**今社内で起きている問題がどのようなもので、その要因や解決しなければならない課題が明確に把握できていないのに、情報システムを入れようと考えていること**。さらに、その問題は、情報システムでは解決できないというのがシステム業界の通例であることにも気づかず、他社でよく似た問題を解決できたという事例を偶然見たりすると悲劇度は加速します。つまり、**他社でできたのならば自分たちの問題についても情報システムさえ導入すれば解決できるはずだ**──まさに盲目的なシステム神話と言えるでしょう。

　さらにこんな例もあります。「企業の課題を解決することが目的で、情報システムはそのためのツールでしかない」ということは頭ではわかっているのに、情報システムを使うことが決まると、途端に**情報システムを入れること自体が目的になってしまう**のです。

　そして、企業の課題を解決するための改革活動や情報システムの開発が、どのような手順やステップを踏んで行なわれるのかがわからない。また、どのようなアウトプットをつくって、どのように実

行に結びつけていけばいいのかも、まったくわからないというケースです。

　ついでに言えば、システム開発会社に対して、自分たちが行なっている業務や仕事をきちんと論理立てて説明することができず、筋道立てて整理された書類もないという話もよく聞きます。そのため、前回話した業務内容が次回には変わってしまっていたり、起きている問題、こうなりたいという姿や要望も、**打ち合わせをするたびに別物になっていく**ということも往々にしてあるのです。

　こうした例から見ると、**「情報システムは魔法のツールで、導入しさえすれば、どんな問題でもたちどころに解決してくれるヒーローのような存在だ」**という間違ったイメージを持っている顧客企業が少なくないことは予測がつきます。

　つまり、「最近の顧客企業は面倒くさい」という言葉の真の意味は、システム開発会社にとって顧客企業に相対する状況そのものが「面倒くさい」ということなのではなく、**情報システムへの期待値、希望内容、実現性など、両者の間に存在する境界線のズレが、システム開発会社にとって大きな負担になってしまっている**と言えるのです。

　もうひとつの背景として、重要な問題、または急いで解決を求められる課題ないし局面を情報システムで解決したいと考える顧客企業の対象が変化してきていることが想定できます。

　問題や課題に対して、新しく情報システムを導入したり、AI や IoT のような最新のデジタル技術を活用するというニーズが出てくることは自然な流れです。ところが、課題を解決するために会社組織や仕組みを変えたり、情報システムを使ったりすることは、当然ながらリスクが伴います。欧米から日本にパッケージソフトウェアが紹介されはじめた時も、高額でまだ誰も使ったことのない情報システムをうまく使えるのかどうかもわかりませんでした。

　また、企業活動そのものの進歩によって、今まで経験したこともない課題も出てきて、どうやって解決すればいいのかわかる企業はほとんどありません。参考にできるような取り組み事例もなく、失敗の繰り返しによって時間や費用を失ってしまう可能性も高いはずです。

　しかし、そのようなリスクを冒してまでも、新たな取り組みをしてシェアを拡大し、競争上の立場を優位にしたいと考える企業もあります。
　それが、大手企業です。

　ここで言う大手企業は、アメリカの経済学者フィリップ・コトラーの「競争地位戦略」において“チャレンジャー”の位置づけにあります。
　競争地位戦略とは、市場における自社の競争上の立場から企業を4つに分類し、各々の企業の取るべき戦略を示したものです。その

4つの分類とは、次の通りです。

- **リーダー**……市場でトップシェアの企業で業界をリードする立場
- **チャレンジャー**……市場のシェアは上位だがトップではない立場
- **フォロワー**……市場のシェアは小さく、チャレンジャーのようにトップシェアを狙わずリーダーを追随する立場
- **ニッチャー**……市場のシェアは小さいが、独自のブランドや技術によって特定の市場でリーダーとなる立場

チャレンジャーである大手企業は、組織的にも財政的にも余力があります。だから、リスクを取ってでも新たな情報システムやデジタル技術の導入を決断することができます。

例えば、約20年前の情報システム黎明期では、それまでの大量生産主義から、消費者の個別ニーズに対応する多品種少量生産主義への大きな転換が求められました。大手企業にとって、その転換期に会社をうまく変化させることは大きな課題になっていました。消費者の個別ニーズに対応し、多品種少量生産にスムーズに転換できれば、チャレンジャーからリーダーになれるチャンスがありました。

また、昨今ではDX(デジタルトランスフォーメーション：デジタル技術の浸透で人々の生活をあらゆる面でよりよい方向に変化させること)に多大な費用を投入して、活用範囲を模索して変革しようと目論んでいるのも大手企業と言えましょう。

　そのような時代の改革ニーズも重なって、チャレンジャーからリーダーに変貌した大手企業が行なった情報システム導入の成功例が、課題解決のための改革活動と情報システムの導入を先導することになりました。

　大手企業であれば、業務マニュアルや手順書、帳票などはしっかりと整っていて、仕事のやり方も全社的に統一されていることが多いでしょう。組織自体もしっかりとできあがっており、日常的に組織ベースで動いているので、課題を解決するための改革活動や情報システムを導入するためのプロジェクト活動も、しっかりとした体制を組んで進めることができます。

　こうした背景から、システム開発会社が試行錯誤で情報システムの導入や活動を進めざるを得ない黎明期であっても、企業体力のある大手企業は課題の解決や情報システムの導入に相当な時間をかけて進めることができます。

　改革活動と情報システム導入を滞りなく行なうための条件が整っているシステム開発会社にとって、こんなに心強いことはありません。

- 情報システムを開発するために必要な業務情報が体系的に整っている
- 導入を進めるための時間や費用がたっぷりとある
- 顧客側の情報システム関連部署の窓口体制がしっかりとしている

　これを人体に起きた問題を医療行為によって解決する医者と患者の関係に置き換えれば、医者からしてもこんなにやりやすい患者は

いないでしょう。

　もちろん、それでもうまくいかない要因がたくさんあります。そんな先駆者たちが血と汗と涙を振り絞って勝ち取ってきた成功例は、今、書籍やウェブ等で紹介されているようなプロジェクトマネジメントなどの方法論や、多くの成功ノウハウとして私たちも目にすることができます。

　しかし、時代は常に移ろいゆくものです。せっかく数々の成功事例を編み出してきたにもかかわらず、**数年したらチャレンジャーである大手企業の改革活動や情報システムの導入も一巡してしまいます。**

　継続して改革活動をする企業もありましたが、一連の情報システムを入れてしまえば、もうそれ以上の改革ニーズも情報システムの導入ニーズもありません。そうするうちに、**課題解決や情報システム導入の主体は、競争地位戦略の4つの分類で言うところの、チャレンジャーからフォロワーに移っていきました。**これまで、大手企業の動向を見ていたフォロワーが、そろそろ我が社も本腰を入れて取り組もうと動きはじめたのです。その**フォロワーの多くは中堅・中小企業**です。

　多くの中堅・中小企業は大手企業の取引先や下請けなどになっています。これまで大手企業が個別ニーズに対応し、多品種少量生産に転換してきたのですから、取引先の中堅・中小企業も相応の転換を迫られることになります。

　例えば、受注から納品まで極端な短納期対応を要求されたり、受

◆ 転換を迫られる中堅・中小企業

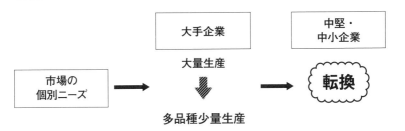

注数量の変更に柔軟に対応するように要求されたり……中には大手企業以上の転換を迫られる中堅・中小企業も少なくありません。

　そのような中堅・中小企業への改革ニーズも重なって、システム開発会社の主たる顧客企業は、大手企業から中堅・中小企業に移っていくことになるのです。

今までの常識が通用しない
情報システム開発の新常識

　そもそも、システム開発会社各社は、どんな方法論をもって開発に臨んでいるのでしょうか。

　システム開発会社のビジネスにおける大命題は、**顧客企業へ効率的にシステムを導入できるようにして、システム開発や導入の受注を増やすこと**です。もっともシステム開発会社が受注数を増やすには、誰がやっても品質を落とすことなくシステム導入を効率化することが求められます。

そのためのやり方と、情報システムの導入手順や進め方をパターン化し、検討の俎上に載りやすい検討項目や作業項目をリストにして標準化するなど、各社それぞれ工夫をしています。

　たとえるなら、製品や部品をつくる製造会社で、作業を標準化してわかりやすくすることで、経験の浅い社員やアルバイトでも容易に生産ラインに立って作業ができるようにするのと同じです。その結果として、品質を保ちながら生産性を上げることができるようになるからです。

　同様にシステム開発会社でも、情報システムを導入する手順や進め方をパターン化し、作業項目を標準化することで、開発経験を問わず、若手社員であってもプロジェクトに参画できるようになります。そうして、同じ品質の情報システムをより多くの顧客企業に提供できるようにしてきました。

　製品やサービスを提供する企業にとって、**誰でも同じ作業ができるようにする標準化は、効率向上や開発、生産のスピードアップに直結する方法**なのです。

　かつて情報システム普及の黎明期においては、導入の主体が大手企業であったため、その方法論も大手企業と一緒に進めたプロジェクト活動の経験がベースになっていました。

　大手企業は、業務マニュアルや手順書などのドキュメント類が整っているうえ、仮にドキュメント類がなかったとしても、仕事のやり方は全社でほぼ統一されているのが現状です。経営母体もしっか

りしているので、活動を進めるためのプロジェクト体制も安定的につくることができますし、さまざまな検討やディスカッションのための時間を確保することもできます。

　つまり大手企業は、情報システムの開発・導入に関して、ある程度の条件や素地、基盤が整っており、システム開発会社に対する提示条件のばらつきなども少ない顧客であると言えます。このことから、システム開発会社の**標準的な方法論は、大手企業のような顧客企業側の素地や条件、基盤が整っている企業を基準につくられた画一的なものである**ことがうかがえます。

　ところが、システム開発会社を取り巻く顧客企業の様相が大きく変わってきています。「新しく情報システムを導入したい」「今抱えている課題を解決したい」と考えている対象企業が、大手企業から中堅・中小企業に移り変わってきているのです。

　ここで情報システム導入のパラドックスが生じてきます。情報システム開発へのオーダー経験がない中堅・中小企業であっても、汎用性の高いパッケージソフトウェアを使うのだから、大手企業と同じように標準的な方法論が使えるだろうと考えてしまうのです。

　しかし、情報システムを開発し導入するための条件や素地、基盤は、中堅・中小企業と大手企業ではまるで異なります。また中堅・中小企業は、導入環境が各社バラバラで、システム開発に関する理解度や習熟度などのレベルも会社によって振り幅が大きく、一様ではありません。

◆ 情報システム導入のパラドックス

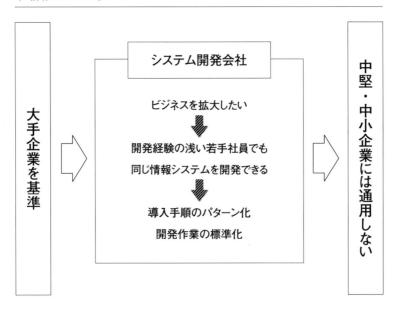

大手企業を基準

システム開発会社

ビジネスを拡大したい

開発経験の浅い若手社員でも
同じ情報システムを開発できる

導入手順のパターン化
開発作業の標準化

中堅・中小企業には通用しない

中堅・中小企業の場合は、**パッケージソフトの汎用性などに関係なく、導入手順や進め方を顧客企業の条件に合わせて試行錯誤しながらつくっていかなければなりません**。当然、大手企業主体につくり上げてきた方法論や成功法は通用しなくなりますので、開発に必要な手数も増えていきます。

　もちろん中堅・中小企業も世に溢れている各種資料を読み漁り、勉強もしているはずです。しかし書籍やネットなどで紹介されている多くの成功法則は、大手企業の成功体験や失敗経験を元につくられてきたもの。また、これらの方法論や成功法は、システム開発会

社や顧客企業の情報システムを導入する人たちの視点で書かれています。

　つまり、**「決められた費用の範囲内で、要求を満足する情報システムをいかにスケジュール通りに開発し、導入できるか」について書かれた方法論や成功法**であり、世の中に紹介されているプロジェクトマネジメントなどの方法論も、基本的には情報システムの開発や導入のプロジェクトが対象になっているのです。

　後に説明しますが、中堅・中小企業が抱える課題は大手企業以上に複雑で、企業は常にその複雑な課題を解決するために対峙し続けなくてはなりません。中堅・中小企業にとって、複雑に絡み合った問題を解決しなくては、システム導入をしたところで「成功」とは言えません。

　しかし、システム開発会社にとっては、**決められた費用の範囲内で、顧客企業の要求を満足する情報システムをスケジュール通りに開発し、導入できればプロジェクト活動は成功**となります。

　実はここに両者の大きな乖離（かいり）が見て取れます。

　中堅・中小企業を主とした顧客企業の課題は、**情報システムを導入しても解決できないことが増えており、問題解決を前提にシステム導入を試みるも成功へたどり着けません。**
　その理由は明確で、情報システム開発会社がこれまでに大手企業を相手に積み上げてきた方法論や成功法が中堅・中小企業には通用

しないことにほかならないからです。

　複雑多岐に入り組む中堅・中小企業の諸問題に対し、標準的な方法論を頼りにできず、企業ごとの方法論をイチから確立しなくてはいけない。そのために必要な労力は膨大なものになってくる上、実現不可能な要望まで押し込まれてしまう。このことが、情報システム開発会社から「最近の顧客企業は面倒くさい」と漏れ聞こえるようになった大きな要因なのです。

成功しても成果が出ない
マイナスルーティンの罠

　誤解を招かないように補足しておきますが、すべての中堅・中小企業とシステム開発会社が相容れないということを述べているわけではありません。社内で問題解決ならびに開発のためのプロジェクトを立ち上げて体制を整え、システム開発会社と共に、期間と予算を守って、企業の要求した仕様通りの情報システムを開発導入できたケースも多くあります。また効率の悪かった仕事のやり方を見直し、曖昧だった判断基準やルールを設定し直して、新しい仕事のやり方を実現することができた企業もたくさんあります。

　しかし、**当初想定していた、期待した結果が得られたケースが全体の何割かと問われれば、全体の一割にも満たないのではないでしょうか**。確かな数値を基にした論拠ではありませんが、ほとんどの中堅・中小企業では、期待していた結果が出ていないことも著者の

実感覚として感じているところです。

　厳しい言い方になりますが、現在、中堅・中小企業が取り組んでいる、**ほぼすべてのプロジェクト活動においては、「プロジェクト活動の成功」と、「プロジェクトを通じて期待していた結果が得られること」が別物になっています。**

　成功したのに結果が出ない。「目的を持ってスタートしたのに、そんな矛盾があるわけがない」と思われるかもしれません。でも、何をもってプロジェクト活動が完了するのか、その点でさまざまなデータを見ていくとわかってくることがあります。

　例えば、情報システムを開発し、導入するプロジェクト活動の場合。期待する結果は、仕事のやり方の効率化であったり、経営判断をするための情報をリアルタイムで把握して判断の精度を高めたりすることがあげられます。つまり、**経営層にとっては、新システムを活用した企業活動が、社に貢献できていることを視認する（視認し続ける）ことがゴールになるはずです。**

　ところが、多くのプロジェクト活動では、このゴールがブレてしまっています。確かに要求した仕様通りの情報システムの開発ができ、運用もはじまった。ただ、その時点でプロジェクトが終了してしまっている。もしくは、情報システムを運用して新しい仕事のやり方に変えたタイミング、すなわち定着した時点で終わりになっているのです。

◆ プロジェクトは成功したのに結果は出ない

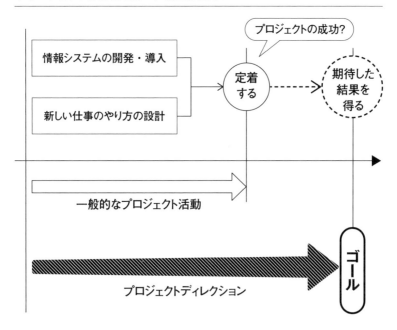

　システム導入の運用、定着時点から、経営層が求める貢献を視認できる時点までの空白の期間はどうなってしまうのでしょうか。

　当然、その期間内にシステムは運用がなされています。しかし、新しい仕事のやり方に変えてから社の全員がそのシステムを理解し、新しい仕事のやり方を腹落ちさせるには時間がかかります。そして、新しい仕事のやり方の意味を作業者が理解し、新しい仕事のやり方を実践したとしても、不思議なことに結果が出ないことさえあるのです。

　さらに言えば、情報システムを運用して、経営判断をするための

情報をリアルタイムに把握できるようになっても、判断の精度が高まったと言えないケースだってあります。

　予算をかけ、手間をかけ、人員をかけてシステムをつくり上げたのに成果が出ない。このような**マイナスルーティン**に陥っているのは、プロジェクトマネジメントのような既存の方法論に縛られているからにほかなりません。

　既存の方法論を使えば、情報システムを開発して導入することや、仕事のやり方などの仕組みを変えることはできます。しかし、**既存の方法論だけでは、活動を成功させることはできても、期待する結果を手にすることができない**のです。

　改革活動に関わる中堅・中小企業ならではのさまざまな問題を解決し、期待する結果を得るためには、既存の方法論にはない新たな考え方を改革活動に取り入れる必要があります。

　その新たな考え方が、プロジェクトマネジメントならぬ「プロジェクトディレクション」なのです。

2 | 「変われない病」に 効果てきめんな処方箋── プロジェクトディレクション

「人で動かす」から 「仕組みで動かす」へ

　企業が、理想とする経営状態を実現するためには、**さまざまな手法や、ソリューションと呼ばれる情報システムやツールなどを組み合わせて課題を解決していくこと**が求められます。同時に、**社員全員が「改革活動に参加している」という意識を持ち、いい会社にしたいという想いを共有すること**が重要です。

　この両輪が噛み合えば、理想に向かって企業全体がまっすぐに進むことができ、結果を出すことができます。

　理想を実現させるためには、社内の現場や部門が具体的に「今、何をすべきなのか」を明確にして、決めたことを実行してもらう動きが不可欠になります。改革活動が進めば進むほど、関係する現場や部門は広がり、現場や部門が検討したり準備したりする取り組みの数は増え、活動の裾野はどんどんと広がっていくでしょう。

　ここで気をつけなくてはならないことがひとつあります。**取り組みが具体的になり広がっていくほど、活動に関わる人たちが目の前の取り組みしか見えなくなっていく**ことです。

　自分たちが関わる作業しか見えなくなり、会社全体で共有してい

たはずのゴールも、ゴールまでの道のりも見失ってしまいます。それは末端の作業員だけに言えることではなく、改革活動を牽引してきたキーマンや現場のベテランでさえも陥る罠です。核となるメンバーが方向を見失ってしまえば、改革活動は海図やコンパスがないまま大海原に放置された船と同じで、遭難状態になってしまいます。

　プロジェクト活動が遭難してしまう最たる理由は、部門への丸投げです。やるべきことが具体的になって、現場や部門の作業レベルにまで落ちていくと、「もうこれは部門としての仕事です」「あとは現場でやりなさい」とプロジェクト体制を解いて、部門の責任でやらせてしまうのです。

　プロジェクト活動の初期、会社全体を最適化するための理想像を描き、各部門のミッションが具体的になるまでは、日常業務から離れて時間を確保し、部門横断のプロジェクト体制で活動する必要性を感じてもらえます。しかし、各部門で何をやるのかがわかれば、途端に日常業務の一環に落とし込まれてしまい、部門横断のプロジェクト体制で進める必要はないと判断をしてしまいます。つまり横串を外してしまうのです。

　部門に丸投げをしてしまうと、どうしても部門でやるべきことだけやればいいという雰囲気が蔓延します。そうなると、部門横断で全容を見ていける人が誰もいなくなるため、取り組みの中身はそれぞれの部門で勝手に解釈され、部門の都合が優先され、改革活動はいいように変えられてしまうことになります。

◆ 部門に落とし込んだ途端にばらけてしまう

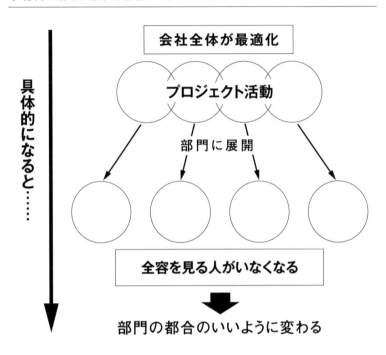

最悪の場合、「**こんな面倒なこと、やらなくてもいいんじゃないの**」「**やらなくても俺たちは困らないし……**」と、取り組みそのものを敬遠してしまう場合も出てくるのです。そうなってしまったら、もうこれまで取り組んできた改革活動は終わり。遭難どころか沈没です。

　改革活動は、ジグソーパズルを複数人でつくり上げるようなものです。「あなたは右上のこの部分を担当してください」「あなたは左上のここ」というように、各部門で何をすべきなのか、具体的な取

り組み内容を振り分けるのはあくまで準備段階です。

パズルの完成形がどんなビジュアルなのかを理解していないと、間違えたピースを無理やりはめ込んでしまったりするように、一つひとつの取り組みは、あくまで全体を見据えたものであるべきです。

中堅・中小企業の抱える問題は複雑で一筋縄ではいきません。なぜ複雑な問題が生じるようになるかというと、その大きな理由のひとつが中堅・中小企業の構造変化です。

数人規模で立ち上げた会社が成長すると、当然ながら従業員数も増加していきます。従業員が増えると、次第に組織化の必要が生まれ、人ではなく仕組みで動かす組織へと母体の体質が変わってくるのです。

人間も、いつまでも子供のままでいるわけにはいかず、成長期を繰り返し、体形もホルモンバランスも変わってくるもの。成長には変化が不可欠なのです。

ところが、成長のための過渡期であることに気づいてはいるものの、組織も仕組みも中途半端に複雑で、ほとんど整備されていない中堅・中小企業の例は枚挙にいとまがありません。組織もどきをつくったところで、仕事のやり方は人や個人に依存しているという状態になっているのです。

こうした企業体質ゆえに問題要因も複雑に絡み合ってしまい、業務改革においてもひとつの取り組みをすれば、全社的に解決できるような単純な図式ではなくなってしまうこともよくあります。

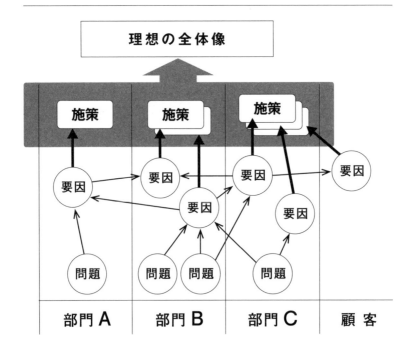

　各部門の取り組みは、あくまで理想の全体像の一部だけを構成しているものであり、複数部署の取り組みが結びついて初めて、結果につながっていくのです。

　結果を出すためには、これまで以上に個々の取り組みの中身や内容に注視して、一つひとつの取り組みがバラバラにならないように活動内容を束ね、各部門や社員が方向性を見失わないようにしなければならないのです。

　また中堅・中小企業は、その企業規模がゆえに、人、お金、時間

に制約がある中で多くの問題を解決しなければならないという難易度の高いソリューションを求められています。

　社員の力を無駄なく活動に使い、社員の力を分散することなく同じ方向に向けて、活動をどう実現に結びつけて結果を出していくか。そのためには、改革活動のはじまりから終わりまで着実に結果に導いていけるように、プロジェクト自体を「ディレクション」する力が不可欠なのです。

プロジェクトマネジメントと
プロジェクトディレクションの違いとは？

　改革活動のプロジェクトは、「マネジメントすること」と「マネジメントされる対象」に大きく分けて捉えることができます。
「マネジメントすること」は、目的を達成するためにプロジェクトに与えられた資源（人や時間、コスト）を管理する役割を示します。一方で、「マネジメントされる対象」とは、企業と企業を構成する環境を示します。

　目的を達成することとは、どのような姿になることなのか、そのためには何をしなくてはいけないのかという活動の中身（ありたい姿や取り組み施策）や実際に活動をする人（心ある人間）、そして改革活動を支える組織や企業の風土などと考えてください。

◆ 改革活動のプロジェクトの捉え方

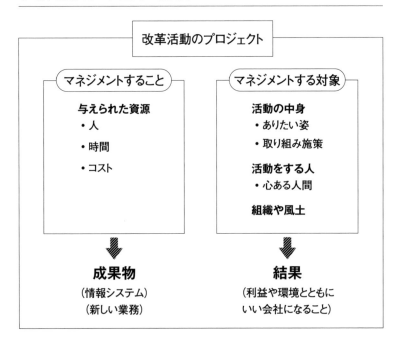

　これまで、改革活動の目的を達成するために、そして、プロジェクトを目論見通りに進めるために、多くの場所で「プロジェクトマネジメント」の方法論や必要性が論じられてきました。

「プロジェクトマネジメント」を定義すると、期待されたアウトプットを得るために、プロジェクトに与えられたコストや時間、品質、人、設備やツールなどを管理し、有効に活用するためのマネジメント面での方法論と言えるでしょう。

　今、改革活動に関する書籍やウェブで論じられるプロジェクトマ

ネジメントの多くは、情報システムの開発プロジェクトに焦点を当てたコンテンツになっています。いくつかのコンテンツのページに目を通すと、今や、情報システムが関わらない改革活動はほとんどなく、情報システムの開発プロジェクトがうまくいくことが、すなわち企業の改革活動がうまくいくことであると語られています。

　逆を言うと、改革活動がうまくいかない原因は、情報システムの開発そのものにあって、情報システムの開発がうまくいかない理由の多くはプロジェクトマネジメントそのものにあるという意見が多くのコンテンツで大半を占めているのです。

　残念なことに、システム開発に失敗したシステム開発会社の多くが、失敗の原因は情報システムを導入する顧客企業側にあるとし、顧客企業が次のような理由でプロジェクトマネジメントをしっかりとこなしきれなかったことになると結びつけられます。

- 顧客側にプロジェクトの体制（基盤）ができていない
- プロジェクトの責任者が専任ではなく片手間になっている
- どのような情報システム運用をしたいのか明確になっていない
- 情報システムを使った将来の構想やありたい姿が明確になっていない
- どのような情報システムにしたいのか、要件がしっかりと決まっていない
- 要件をスケジュール通りに決めない
- プロジェクトを進める上での課題やリスクを見抜くことができない

• 課題やリスクに手を打つタイミングが遅い

　このように、顧客企業側のプロジェクトマネージャーの能力不足など、顧客企業側がマネジメント上の問題を解決できなかったためだという失敗例が山ほど指摘されてきます。

　そこで、いかにうまくマネジメントするかに力点を置き、語るコンテンツが増えているのです。

　ここで著者は、世の中のこのような"プロジェクトマネジメント至上主義"に疑問を覚えました。

　改革活動の目的は、あくまで情報システムができあがった、その先にあるはずではないでしょうか。

　確かに、情報システムがかかわらない改革活動は少なくなってきました。改革活動という「ものとして目に見えない結果」よりも、情報システムの開発という「具体的に目に見えてできあがるもの」に、どうしても重点を置いてしまいます。

　ただし後者に照準が合うと、プロジェクトの目的が予算内、期限内に、要求通りの情報システムをつくり上げることになります。結果として**要求を満足する情報システムが完成すれば、まるでプロジェクトの目的は達成し、成功プロジェクトとして認められたと錯覚する**ことになってしまい兼ねません。

　プロジェクトマネジメントの世界標準として、「ＰＭＢＯＫ」（Project Management Body of Knowledge）という国際的に標準と

されている知識体系のガイダンスがあります。ＰＭＢＯＫでは、プロジェクトのスコープ（目的や範囲、成果物）を設定して管理する必要性が説かれています。このことからも、情報システムが関わる改革活動のひとつの問題は、プロジェクトのスコープであるはずの目的が「要求を満足する情報システムを完成すること」となり、成果物が「要求を満足する情報システム」になってしまっているということがうかがえます。

　繰り返しになりますが、**改革活動の目的は「要求を満足する情報システムを完成すること」ではありません。「会社としてありたい姿（想い）を実現させ、利益、環境ともにいい会社になったという結果を得ること」でなければなりません。**結果が出なければ、改革活動は成功したとは言えないからです。

　情報システムは、あくまでも課題解決の手段のひとつでしかありません。企業によっては、内在する問題を解決し、今よりもいい会社にするためには、大規模な情報システムではなく、簡単なツールレベルの情報システムでも事足りる可能性もあります。または、システムすらも不要な場合だってあるでしょう。

　善良なシステム開発会社ならば、企業に対して、情報システムはあくまで手段であると説明しているはずです。しかし、情報システムを神格化するほどにまで周囲が見えなくなった中堅・中小企業は、複雑に入り組んだ問題やその本質に蓋をしてしまい、情報システムの開発を前提に改革活動を進めようとしてしまいます。

だからといってプロジェクトマネジメントを否定している訳では
ありません。プロジェクトマネジメントは、情報システムや新業務
を記述したドキュメントなど、かたちのある成果物をつくる上で力
を発揮します。しかし、**マネジメント（管理）だけでは、かたちを
つくり上げることはできても、そこに人の想いを込めて「かたち」
を使ったり、動かしたりすることまではできない**のです。

　中堅・中小企業が改革活動で結果を手に入れるためには、プロジ
ェクトをマネジメントするだけでなく、**「マネジメントする対象」が
非常に重要**になります。中堅・中小企業は、今の事業規模にまで成
長した生い立ちも違えば、関係する周囲の企業群の中での立ち位置
も違います。したがって、どのような姿になればいいのか、何をす
るべきなのかという活動の中身（ありたい姿や取り組み施策）を、
その企業独自の中身につくり上げる必要があります。

　また、**中堅・中小企業は仕組みではなく「人」で動いています。**
個人という存在に大きく依存しているのです。組織に人を当てはめ
ているわけではないため、人を入れ替えれば、今までとはまったく
違う企業になってしまう可能性だってあるのです。
　「人」が前に立つ人員構成であれば、最も大事にすべきは実際に活
動する人（心ある人間）や働く人たちの想いでしょう。アナログな
ものの言い方になってしまいますが、改革活動の結果を左右する要
素として、この想いがひとつになっているかどうかも極めて重要な
のです。

プロジェクトディレクションでは、「マネジメントする対象」に着目し、全社員の想いをひとつにすることに比重を置きます。結果を手にするまで、ひとつの方向（ディレクション）に向かって走り切っていく改革活動を推奨していくのです。

プロジェクトを導く
重要なディレクション「3本の矢」

プロジェクトディレクションとは、「いい会社にしたい」と願う企業と向き合い、プロジェクトマネジメントの対象となる活動の中身、活動する人、企業の特異性、企業の組織や風土などに着目して、改革活動の結果を手に入れるためのメソドロジー（ひとつの目的を達成するために、手法、アプローチ、理論やノウハウを体系的に活用できるかたちにまとめたもの）です。

具体的には3章で深く掘り下げますが、まずはプロジェクトディレクションには、大きく3本の矢（3本の軸）があるということだけ先に認識しておいてください。

プロジェクトディレクションの3本の矢

・広さ

・時間

・深さ

◆ プロジェクトディレクションの3本の矢

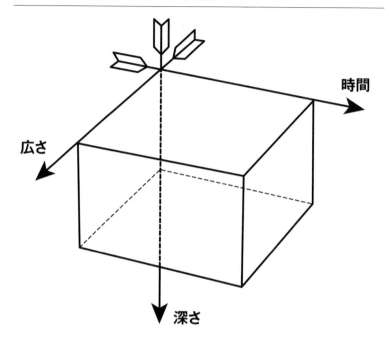

これらの3つの矢をバランスよく取り入れることが、中堅・中小企業の改革活動にひと通りの結果をもたらしていくのです。

逆を言えば、結果を出すことができなかった改革活動を見ると、この3つの矢のどれかが足りなかったか、あまり考慮していなかったかがわかります。

では、この3つの矢は何を表わしているのでしょうか。

まず1本目の矢である広さから見てみましょう。**広さは、改革活動の取り組みの範囲や取り組みの「整合性の度合い」を表わします。**改革活動をするにあたり、一般的には（特に大手企業の場合には）、

◆ 広さ：結果を出すために必要な対象範囲

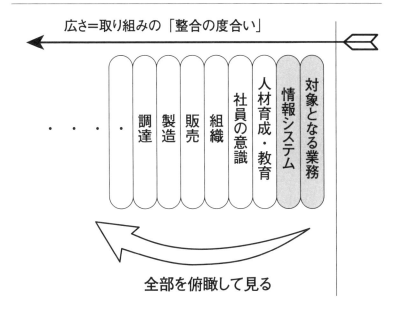

広さ＝取り組みの「整合の度合い」

対象となる業務
情報システム
人材育成・教育
社員の意識
組織
販売
製造
調達
・・・・

全部を俯瞰して見る

直面する問題を解決し、課題を克服するために仕事のやり方を変え、新たな方法に合わせて情報システムを導入するケースがほとんどです。しかし、中堅・中小企業の場合は、大手と同様のプロセスでは問題の解決と課題の克服にたどり着けないケースが大半です。

　業務改革や情報システムの導入を前提とした発想ではなく、**最優先事項として「課題を解決するために何が必要か」という視点に立って、業務、情報システム、人材育成・教育、社員の意識、組織、販売、製造、調達などを対象範囲にして俯瞰して見ていく必要**があります。

◆ 時間：結果が出るまで会社全体を束ねて牽引すること

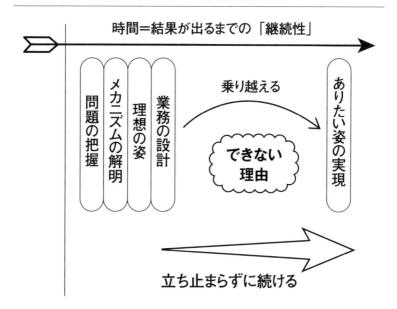

また、俯瞰して観察する中で、**あらゆる解決手法の中から必要な取り組み施策が見つかってくるため、それを組み合わせて、整合性を保ちながら改革活動を企画する**ことも求められます。

この取り組みの範囲を的確にして、個々の取り組みの整合範囲をバランスよく管理していく必要があります。

次に２本目の矢、時間です。**時間は、改革活動の最初から結果が出るまで、途中で止まったりやめたりすることなく、会社全体を束ねて牽引していく「継続性」とも言い換えられます。**

プロジェクトディレクションは、まず問題の把握と共に問題の発

生要因を分析するところからはじまります。自分の会社がどうなれ
ばいいのか、どういう姿にすればいいのかと、理想のイメージが描
けたら、具体的に仕事の流れや現場の作業までを設計し、社員や現
場の人たちが何をするのかを決めていきます。

　この段階では、まだ会社は何も変わっていません。**大事なのは次に
来る「描いて決めたことを実現する」というフェーズ**です。つまり、
人の手によって「変える」を実現していかなくてはいけないのです。

　ところが「変える」を実行しようとすると、必ずと言っていいほ
ど、やれない理由やできない理由が各所から湧き上がってきます。
具体的にやることが見えており、それをつくり上げればより会社が
ステップアップできるのに、もっともらしい現実的な理由に押され、
改革活動そのものを諦めてしまう企業も少なくありません。

　結果を出すためには、このやれない理由やできない理由というハ
ードルを乗り越えて、理想の実現に向かって活動し続けなければな
りません。**改革活動の最初から結果が出るまで、覚悟を持って途中
で立ち止まらずに続けることと、経営者が強い意志を持ち、会社全
体を束ねて牽引し続けることが大切**です。

　最後に３本目の矢、深さです。具体的に言うと**深さは、改革活動
の想いを全社員の行動にまでつなげていく「共有深度（腹落ちの深
さ）」**を表わします。システム導入や社内構造の改革が実現できたと
しても、必ずしもすべての企業に等しく結果が出るわけではありま
せん。**全社員が想いを共有し、結果が出るまで想いを保ち続けるこ
とができるかどうかが成否の分かれ目**になるのです。

◆ 深さ：想いを全社員の行動につなげていくこと

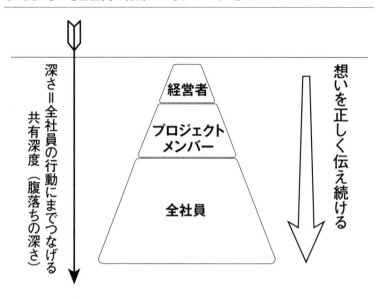

想いという概念は、数値化や明文化が難しい感覚的な言葉なのですが、社員個々に想いができあがるプロセスは明確です。問題の発生メカニズムを解析し、ありたい姿を描き、そこに納得するという過程で想いを受け取った個々の社員の頭の中で具体的なビジュアルになっていくのです。

つまり、想いは社員に正しく伝え続けなければ、プロジェクトを動かすコアメンバーだけの想いにしかならず、ましてや推進力になどなり得ません。この**想いを、活動をはじめた時から結果が出るまで持ち続け、企業の全社員が忘れないように啓蒙し続けることで、初めて共有深度が深まり、改革活動が加速していく**のです。

1章

「変わりたいけど変われない」という病に侵された中堅・中小企業

1 | 中堅・中小企業の 「変われない病」が治らない 3つの要因

薬を勝手に変えてしまう ＝現場で勝手にアレンジしてしまう

　情報システムを導入すれば、手作業でやっている作業や社員が個人的に使っている Excel のようなツールが情報システムに置き換わり、作業が効率的になったり、経営判断のスピードアップが図れたりするようになります。しかし、現状の仕事のやり方のまま情報システムを導入しても、手間のかかっていた作業の処理時間が短くなる程度で、さほど効果は期待できません。

　ここで改めて確認しておきたいのは、業務改善のための活動と、改革活動とはどう違うのかということです。

　改善活動は、目の前にある問題を一つひとつ個別に改善していく活動になります。一方、改革活動は、業務のやり方、あり方を根本から見直して、抜本的に新しい考え方ややり方に変えていく活動です。

　例えば、大きくなった事業規模に合わせて組織構造を変えていくほか、取引先からの要求の変化や、増加する従業員数や拠点の数に合わせた業務を再構築していくなどがあげられます。

　わかりやすく医療にたとえると、「捻挫してしまったので整形外科

◆ 改善活動と改革活動の違い

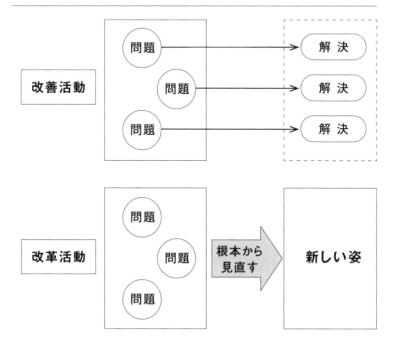

に行く」「虫歯になったので歯科医にかかる」というピンポイントでの治療が改善活動であり、「成人病予防のための体質改善をする」「加齢に合わせて無理のない生活を送るための生活習慣を根本から見直す」というのが改革活動です。つまり、時間が経つにつれて、必ず起こり得る何らかの変化を、ポイントで対処するか全体的に対応するか、その違いだと考えてください。

本書で述べているのは、全体的な対応である改革活動についてですが、一般的な改革活動では、次のような流れで変化を促していきます。

①問題を把握し、その問題がなぜ起きているのかを分析・解析
する（要因分析）
②分析結果から、企業の姿をどのように変えれば問題がなくな
るのかを検討する（結果解析）
③解析結果をもとに、企業があるべき姿やありたい姿を描く（展
望構築）

　ここで多くの企業が迷いがちなのが、展望構築です。企業のある
べき姿やありたい姿は、その企業にとって理想の姿と言えます。見
方を変えれば、「こうだったらいいのに」という経営者や従業員の要
望の理想の姿でもあります。また、**あるべき姿やありたい姿は、そ
の企業がこれまで実現したくても、難しくて実現できなかった姿**で
もあります。

　この理想形が、簡単に実現できるものであるなら、改革活動など
は不要でしょう。

　**理想をかたちにするまでの間に多くの難関が待ち構えており、乗
り越えていく方法がわからない、または乗り越えるのに二の足を踏
むほどやっかいなものだから困ってしまうわけです。**

　場合によっては部門をまたいで企業全体を巻き込む必要があるか
もしれませんし、現場作業員に旧来のやり方を捨てさせ、新たな作
業方法やルールを学ぶ負荷をかけなくてはいけなくなるかもしれま
せん。

　一足飛びにはいかず、時間をかけて必要なステップを追いながら

実現へ向かわなくてはいけないため、実に大変で面倒なプロセスなのです。

　また、展望構築の初期段階では、改革活動のメンバーも高いモチベーションを保ちやすいものの、**時間が経つにつれて、難題をクリアするエネルギーが枯渇していき、改革活動への参加が面倒になってしまう傾向があります。**

　そうなると、決まって出てくるのが**ネガティブな意味でのアレンジ**です。

「あるべき姿を描いたけど、すべて実現する必要はないでしょ。やれることはやるし、やれないことはやらなくてもいい」

「あの時はこうやろうと思っていたけど、別のやり方でもいいんじゃないの」

　このような意見が出はじめたら要注意です。

あるべき姿やありたい姿を自分たちの都合のいいように解釈しはじめると、課題を解決する段階で、当初描いたあるべき姿やありたい姿は、その姿を変えていってしまいます。

　つまり医者に処方された薬を、自分勝手な判断で飲まなくなったり、飲む分量や組み合わせを変えてしまうようなものなのです。これでは治るものも治らず、また次の問題が出て医者に駆け込むということを繰り返すようになってしまいます。

　もっとも現場の社員の気持ちも理解できなくはありません。現場

では、日常業務へ注ぐエネルギーで手一杯であることも少なくないからです。日常業務に 100％のエネルギーを注いでいたところへ、

「新しい作業方法やルールを覚えなさい」

「現場のレイアウトやツールなどの設備を変えるので、すぐに対応しなさい」

こう言われると、150％、200％ものエネルギーが必要になってしまいます。

現場はあくまで、自分の仕事がどのように変わるのかということが最優先の重要事項。**会社全体のあるべき姿やありたい姿がどのようなもので、なぜその姿にする必要があるかまでには目を向け切れないことが多い**のです。

さらに課題を解決するためには、今よりも面倒なことをしなければならないことが多々あるもの。例えば、「これまではデータを情報システムに入力するだけで次の作業に移ることができていたのに、これからはデータを入力した後に、上長に承認をしてもらわないといけない」と言われたら、現場はどう感じるでしょうか。

当然ながら、社員の面倒さの度数は跳ね上がります。作業の手順が増えると共に、上長が不在がちだったり、会議続きだったりすると、承認をもらうまでに時間がかかり、作業スケジュールが停滞してしまうなど制約も出てきてしまうからです。

そうなると、**自分の効率性を優先して、本当に必要なはずの手順を省略したり、変更する**など「処方箋」の変更というタブーに目を

向けてしまいます。結果、課題の解決はおろか、当初想定した結果が出てこないという悪循環に陥ってしまうのです。

薬を飲むことをやめてしまう ＝諦めて実行しない

　システム開発会社のホームページや雑誌の記事を見ると、情報システム開発の成功事例がたくさん載っているので、目にしたことがある方も少なくないでしょう。紹介事例の中には、計画した期間やコストの範囲内で、顧客企業の要求通りの情報システムを開発することができたなど、華やかな成功例が並んでいるものです。

　しかし、これは一例にすぎません。**現実を見ると、要求仕様通りの情報システムが導入されたにもかかわらず、当初想定していた結果が得られていない企業がなんと多いことか**。目をふさぎたくなるような惨状も数知れず見てきました。

　近年の改革活動は、情報システムの開発や導入とセットになっているのが特徴です。
　事業規模の拡大や拠点の増加がある定点に到達すると、取引先からの要求の変化などに既存の情報システムが耐えられなくなってきます。そこで情報システムを入れ替えたり、新たな情報システムを導入したりする必要が出てきます。
　注意しなくてはいけないのが、**課題を解決するための手段やツー**

ルとして情報システムを導入しているはずなのに、いつしか情報シ
ステムを導入するために改革活動をするという目的にすり替わって
しまうことです。

　ここで重要なのは、何の目的のために情報システムを使うかとい
うことです。人の身体にたとえるならば、病気や不調を治すために
病院へ行き、医者に診てもらい、身体を治すために処方された薬を
飲むはずです。
「この薬をこの頻度で飲み、このようにリハビリを行ない、生活環
境を見直して最終的に健康な身体を取り戻しましょう」と、医者か
らアドバイスされた時、誰もが「健康な身体を取り戻す」という目
的のために動くはずです。
　しかしながら、改革活動においては、情報システムを導入する（つ
まり病院へ行き薬を手にする）ということが目的になってしまいや
すいのです。これはひとえに**「情報システムを入れれば問題はすべ
て解決する」**という間違った思い込みがあるからです。

　人の身体でもそうですが、薬を飲むだけならば確かに一時的な回
復は見られるかもしれません。しかし、以前と同じような生活をし
ていたら、やはりまた不調なり問題なりが起きてしまうはずです。

　**見失ってはいけないのが、あくまで最終到達点は課題解決であり、
企業が思い描くあるべき姿やありたい姿を具現化させること。**

◆ 情報システムは単なるツール

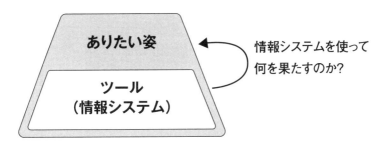

　情報システムというのは、極端な話、**単なるツール**です。システムの開発や導入以前に、「システムを使って何を果たすか」という企業が現状を変えて課題を解決した後の姿をしっかりと見据えていないと、ただ単に高価なツールを購入しただけの話になってしまうのです。

　今まで自転車に乗って学校に通っていた人が、就職を機に自動車を使おうと考えるようになったと想像してください。環境の変化によって、使う交通手段が変わってくるわけです。この時、お金をかけて車を買ったはいいものの、運転の仕方を習っていなかったら、車は宝の持ち腐れです。自転車の運転技術では自動車を運転できないのは当然ですから、自動車の運転技術を獲得するために教習所へ行き、免許も取得するわけです。誰が見ても、当たり前のことでしょう。

　ところが情報システムの開発を自転車と自動車に、現場での仕事

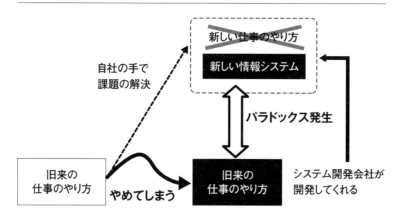

◆ 旧来の仕事のまま新しい情報システムが置かれている

新しい仕事のやり方

新しい情報システム

自社の手で
課題の解決

パラドックス発生

旧来の
仕事のやり方

やめてしまう

旧来の
仕事のやり方

システム開発会社が
開発してくれる

の仕方を運転技術に置き換えるとどうなるでしょうか。**情報システムの開発をしている（自転車から自動車へ換えようとしている）けれども、現場は旧来の仕事のやり方のまま（自転車の運転技術だけ）で、新しい仕事のやり方（自動車の運転技術を覚えることなく現場に情報システム（自動車）が置かれる**ということになります。そんな情報システムが使える訳がありません。

　悲しいかな、かなりの企業でこうしたパラドックスが起き、とても重要なプロセスの欠落が起きてしまいます。それが課題の解決をやめてしまうことです。

　情報システムは、仕様を検討して提示し、システム開発会社が開発してくれれば手に入るものですが、**課題を解決するのはあくまで、自社の手によるものでなければいけません**。ところがこの面倒極ま

りない課題の解決を避け、情報システムに依存するような症状が、多くの中堅・中小企業で出てきているのです。

　さらには、解決しなければならない課題が明確になったら、部門に任せて経営層が手放しをしてしまう。ところが、先に示したように、現場は忙しい。**部門に手放した途端に、課題の解決は行なわれなくなり**──つまり、情報システムという薬だけ飲んで、リハビリも生活環境の見直しもせず──改革活動の結果が出ないことによって改革自体を諦めてしまう。そうなると必然的に病状の改善にはつながらなくなるのです。

やたらとオピニオンだけを繰り返す ＝活動が無駄だと思ってしまう

　では次に中堅・中小企業で起こっている問題に目を向けてみましょう。問題の多くは、次のような要素が複雑に絡み合っています。

- 多岐に枝分かれする業務
- 情報システムと業務の連携
- 業務に従事する人の意識
- 業務を支える組織構造
- 企業の置かれている立場の変化

複数の要素が絡まった問題は、企業全体にまで広がっていて、特

定の部門だけが問題を解決すればよくなるとは言い切れません。そのため、その企業に起こるすべての問題を把握するために、まず企業の多くの部門の人たちにヒアリングをしていく必要があります。「現状の仕事のやり方」や「問題と感じていること」について情報を拾い上げ、問題の発生要因を分析していくのです。

　企業が目指す理想形は、企業内のさまざまな部門の人たちが「こうだったらいいのに」と思いながらも、これまで実現したくても実現できなかった姿でもあります。**理想形が実現できると、そこはまさに社員にとって効率的で働き甲斐のある職場になるはずです。**

　改革活動当初には、改革活動の実態や効果についてわからないことのほうが多いため、多くの社員が「こんなことやっても意味があるのか？」と思うものです。しかし**活動が進み、問題が解きほぐされて明るい未来が見えてくるにつれて、改革活動の中心メンバーだけでなく、組織末端にまで「今回の活動で、自分の会社や働く職場が劇的に変わるのではないか」と期待感が広がっていく**のです。

　こうした期待をもたらす一方で、経営者の頭の中では改革活動に関するそろばんが常にはじかれることになってきます。活動には、多額の投資が必要になるからです。

　ハードウェアだけでなく、さまざまな業務をカバーするアプリケーションソフトやオペレーティングソフトのようなソフトウェア、システム開発会社の開発人員の作業のための費用まで、その額は、数千万円から多ければ数十億円の規模になることもあります。

改革活動では、**情報システムに関わる費用が巨額なために、どうしても費用面に目が向いてしまいます**。実際にものの対価として支払う費用は、企業もしっかりと査定をし、投資を無駄にしないようにしっかりと管理をするはずです（システム開発会社の開発人員がかける時間は、認められた費用に収まるようにシステム開発会社が管理します）。さらに、もし外部コンサルタントに支援を頼めば、コンサルティング費用などがかかってくることになり、費用は膨らんでいくことになるでしょう。

こうしたハード面やサポート面での費用だけでなく、**社員が改革活動にかけている時間もコストとして見なくてはいけません**。改革活動に関わる社員は、長期間、日常業務以外に改革活動のための時間を確保する必要があります。ここにも当然費用が発生しており、それらの費用も投資と考えなければならないはずです。

ところが、改革活動の途中、経営者が「お金も人員もかけているのに、成果が上がらない」と感じてジレンマに陥ることがあります。序章からここまでに述べてきたように、難しい課題を解決して実行しなければならない立場になると、最初に描いたあるべき姿やありたい姿を勝手に小さくしていってしまうほか、改革活動の目的が情報システムの開発そのものだけに向けられたり、課題の解決を部門に丸投げしてしまうなどして、プロジェクトが機能停止に陥るからです。

◆ プロジェクトの機能停止は企業に対する不満に変わる

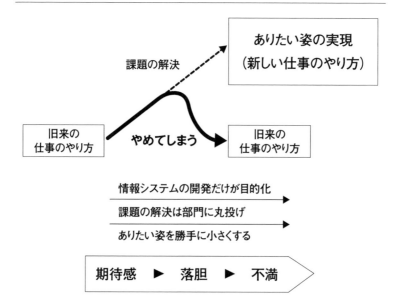

もし、機能停止したら、それまで行なってきた改革活動は無駄になります。**企業にとって費用が無駄になるという損失**だけでなく、**改革活動を通じて大きくなった「この活動で現状が変わる」という社員の期待感が落胆に変わり、企業に対する不満に変わってしまう**のです。

「変わりたいけど変われない」という病に侵された中堅・中小企業

2 | 人は初めての体験に
後ろ向きになる

目の前の作業で
疲弊している社員の本音

　企業が改革活動をするきっかけは多種多様です。

　例えば、ある企業は売上拡大の予測を立てていましたが、社員によって注文への対応が異なっていたり、経営数値の処理が統一されていませんでした。いわゆる属人化している状態です。これでは注文が増えた時に対応しきれないし、現場の状況を定量的に数値化できず、経営陣が今後の舵取りに対して適切な判断ができない状況です。そこで、情報システムで数値を捉えて素早く指示を出せるようにして、それに合わせて業務の進め方も変えていこうという目論見で改革活動を決めたのです。

　おおむね、多くの企業が情報システムを取り入れる際は、大なり小なりこのような悩みを持っているものです。そして、いざ改革活動がスタートすると、ほとんどの企業は通常の組織とは別にプロジェクトをつくって、改革活動をはじめていきます。

　この時、**改革活動を阻みがちなのが、「時間の壁」**です。

改革活動において、プロジェクトチームのあり方は、成否に大き
な影響を与えます。

　改革活動のためのプロジェクトチームは、一般的に１週間に１～
２回、定期的に時間を取って検討会（会合、セッション、メンバー
ミーティングなど呼び方はさまざまです）を行ないます。１回の所
要時間が２～３時間のこともあれば、１日かけて行なわれることも
あります。

　**プロジェクトメンバーには、現場や各部門を熟知しており、現場
の社員たちに影響力があるキーマンが選出されます。**メンバーは、
検討会で現在の状況や現場で起こっている問題を共有し合い、諸問
題の解決方法や、解決にともなう新しい仕事のやり方を検討して決
めていきます。

　実は、ここに**日常業務以外の大変な時間と労力がかかってくるこ
とを、経営者は忘れてはいけない**のです。改革活動では、検討会以
外にも、各セクションでの分析作業や検討も重要で、日常業務以外
にかなりの時間がかかってきます。

　ここで「なるべく時間をかけないように改革活動をすればいい」と
考えるのは早計というもの。時間をかけずに簡単に変更・修正でき
たなら、「改革活動」などと言うもの自体が必要なかったはずです。
これまで改革が実現できなかったということは、相応な時間をかけ
ないと実現できない、「簡単ではないもの」と考えるべきなのです。

　仮にコンサルタントに相談して改革活動をするにしても、現場の

労力に変わりありません。コンサルタントがすべてのことを検討して決めることはできませんので、やはりメンバーには相当の時間が必要になります。

　この相当の時間には、メンバーの思考を熟成させる時間も含まれます。改革活動を阻む「時間の壁」は、ここでその正体をあらわにしてきます。

　日常業務や急な対応に追われながらでは、改革案を練ることはできません。思案のためのまとまった時間が必要なのです。**これまで、問題があるとわかっていても、それを解決できなかったのは、検討に割くだけのまとまった時間がなかったから**とも言えます。

　さて、ひとたび改革活動がはじまれば、メンバーは任命された義務感や会社の目もあるので、検討会に積極的に参加するようになります。検討課題には速やかに対処して貢献しようとしますが、**「時間の壁」を意識せず、メンバーをケアしないまま放置すればここで問題が起きてきます。**

　日を追うごとに、検討会に参加するメンバーが減ってきてしまうのです。任命されたとはいえ、受注や出荷、発注などの日々の業務を滞らせるわけにはいきません。お客様対応や、経営管理のための資料作成など、メンバーにとってスケジュール優先度の高い業務はごまんとあるのです。

　オペレーションだけではなく、メンタル面でもメンバーが当初抱

いていたモチベーションは徐々に削られていきます。改革活動に伴う作業は、日常業務にプラスアルファの余分な作業。「ただでさえ忙しいのに時間を取られてしまう」という意識は拭い去れません。また改革活動においては、スケジュールを守らなくても、すぐに困る人は出てこないものです。検討会に出たり、検討したりすることが後まわしになりがちなのです。

　ここで経営トップの危機感と、メンバーの危機感にズレが出てきてしまうと、歯車が噛み合わなくなってくるのです。**メンバーの本音に目を向けない、また時間の計算に入れられない改革活動は、往々にして頓挫しやすくなってしまいます。**

改革の旗をあえて
見て見ぬフリする社員の心境

　改革活動は、一言で言えば現状とは違う姿に未来を変える活動です。現状をベースに微調整していく改善活動とは異なり、時代に合わせて仕事のやり方を根本から見直し、新しい方法や新しいやり方に変えていくことです。

　例えば、インターネットが登場する以前と、登場して以降の企業における業務の違い。通信スピードが超高速になり、膨大なデータを瞬時に処理できるようになり、今まで人間が時間をかけてやっていた業務処理をシステムが代行し、業務全般のありようが様変わりしました。今後はAIなどのデジタル技術の進化などによって、雑事はコンピューターに任せ、人間は人間にしかできない創造的な仕

事に充てるというようなやり方に変わっていくかもしれません。

- 何を情報システムにやらせるのか
- どうやって情報システムに処理させるのか
- 創造的な仕事とは何か
- どうすれば社員に創造性をもった仕事をさせられるか

　こうした課題を順次解決して、時間をかけて新たな姿に変えていく。それが改革活動の本質です。

　現状を変えるためには、発想の転換が必要です。これまで当たり前だと思っていたことを疑わなければなりません。「それをやるのは無理だ」と思ってやってこなかったこともやらなければならないし、「それを変えてはいけない」と思っていた判断基準やルールも変える必要が出てきます。

　改革活動を推進するプロジェクトメンバーは、現場を熟知しているだけに、よくも悪くも現場にあるものを大切にしがち——言い方を変えると、**現場の「常識」にとらわれがち**です。

　もっともルールや作業の手順を自分たちで考え、仕事のやり方を工夫してきた苦労の結晶が、今、現場にあるオペレーションだとしたら、簡単に手放せない気持ちはわかります。そういう気持ちがあると、**改革活動に対して、「現状を変えよう」と口にしながらも、心の奥底では、「根本から仕事のやり方を見直すことは難しい」「そんなことはできるわけがない」**という考えが湧き上がってこないとも

限りません。

　つまり、必勝の旗を掲げながらも、誰もその旗を見ていないということもよくある話なのです。

会社の仕組みを根本的に
見直すための基本思考

　改善活動が、社員個人や部門内の限られた業務や作業を対象にしているのに対して、改革活動は、会社全体や事業全体、業務全体といった「全体」を対象に議論されるものです。

　中堅・中小企業のプロジェクトメンバーは、現場や各部門の仕事のことを熟知していますが、経営層とは異なり全体を議論したり、見直したりする経験が乏しいのが難点です。自分が日常業務でやっている作業が対象であれば、いくらでも具体的なイメージを持って現実的な議論ができますが、全体が対象になると、そうは問屋が卸さないということになります。メンバーが日常業務としてやっている作業は、あくまで全体の中の一構成要素、一部分でしかないのです。

　改革活動では、まず「全体」を議論することが大事です。会社全体のあり方として、どのような方向に持っていくべきなのか。事業全体の仕組みを、どのような考え方でつくり直すのか。全体を議論するためには、個々のメンバーが日常業務とは違う、もっと広い視点を持ち、会社全体、事業全体を俯瞰しながら話し合わなくてはいけないのです。

日常の業務に追われている中堅・中小企業のメンバーは、会社全体の方向性や事業全体の仕組みの考え方など、日常の具体的な業務からかけ離れた議論には慣れていません。また、会社全体の方向性や事業全体の仕組みの考え方は、経営トップから与えられるもので、自分たちは与えられた方向性や考え方に従って行動するだけであって、各部門で自分たちが議論して決めることではないという気持ちも根強くあります。

　そのため、自分が日常業務でやっている手段や方法のような、具体的な議論ならいくらでもできるのに、**方向性や考え方といった抽象的な議論になると「問題がわかっているのだから、もっと具体的な解決策を検討しましょう」と方法論の話になりやすい**のです。また、「（何となくだけど）よくなるような気がする」「（よくわからないけど）それでいいんじゃないか」と結論が曖昧になってしまうこともあります。

　そのため、中堅・中小企業では、会社全体、事業全体を俯瞰した全体感や、方向性や考え方に焦点をあてた議論がなかなか進まず、「それなら課題が解決できそうだ」「そうすればもっと会社がよくなるはずだ」というブループリント（青写真）をつくり上げ、共有することが非常に難しいのです。

　ブループリントがないまま走りはじめると、先に述べたような「時間の壁」や、メンバー間の義務感やモチベーションの乖離を生み出します。

　中堅・中小企業は、変化にスピードを求めるもの。特に、ここ数

年は、求められる変化のスピードが速くなってきています。早く、理想的な姿に変えたいのです。

　ところが、問題の要因分析や解決策の設定をしてから、理想的な姿を描くまでの間は、机上で検討しているだけなので、企業の業務も現場の作業も何も変わっていません。改革活動となると取り組みに時間がかかるため、なかなか企業の業務や現場の作業に変化が見られません。活動は進められているのに、目に見えるような変化が見られず、問題を解決して結果が出るまでには、時間がかかるのです。

　「だったら、課題を克服してから新しい仕事のやり方に変えるのではなく、まず新しい仕事に変えてから、出てきた課題を克服していけばいい」という考え方で取り組むこともできます。つまり、走りながら考えるというやり方です。

　しかし、これにも問題があります。「走り出しても考える余裕がないから、結局、課題を残したまま走り続けるだけ」になってしまうことです。課題を克服せずに取り残したまま走り出すわけですから、さらに余計な時間がかかってしまって、課題を克服するための時間が取れなくなってしまうのです。

　改革活動で理想的な姿を実現して結果を出していくためには、「**どのような方向に持っていくべき**」という全体に加えて、「**何をやるのか**」、それらの取り組みを「**どうやって実現するのか**」、「**どのように進めるのか**」を順序立てて話し合うことが非常に重要になってきます。

3 　中堅・中小企業を侵しがちな病原（問題）への対処

企業の体質によって侵される病魔・病巣はひとつだけではない

　近年、経営において ICT（情報通信技術）やデジタル技術を使うのが当たり前になっています。社内のさまざまな業務を見直し、企業が抱えている問題を浮き彫りにさせて、ICT やデジタル技術を導入することで解決することが主流になっています。

　とはいえ、ICT やデジタル技術に基づく情報システムは、問題に対する解決の手段であって、問題を特定しないことには、どのように解決を図っていくかが見えてきません。人間でいえば、病気がどんなものか、まずは診察をしないと医者も適切な薬の処方をしたり、手術の判断をすることができないことと同じです。

　中堅・中小企業における社内問題の多くは、仕事のやり方に関係していると考えられています。例えば次のようなものです。

- 作業手順や資料のフォーマットが人によって違ったり、判断の基準やルールが決まっていない
- 判断基準がその都度決められるなどし、特定の人しか仕事ができないというケースが生まれやすい
- 仕事のやり方は決まっているのに、明文化されたドキュメント

がない

- 明文化されたドキュメントはあるけれど、誰も守らない上、やりやすいように仕事のやり方を変えてしまう
- 既存の情報システムでは入力して処理するのに手間がかかるため、外部で Excel を使って計算してから結果だけをシステムに入力する
- 既存の情報システムは機能がないから、別に ACCESS でツールをつくって情報を管理している
- 別で使っている Excel や ACCESS の情報が共有されていないために、管理不備や入力ミスに対応するための余分な作業が発生している
- 原価管理や利益管理のような管理業務で、計画値をつくったり、実績を把握したりする仕組みが整ってない上、評価項目や評価の基準が曖昧になっている

　これらの問題の要因は仕事のやり方です。そのため、業務を見直し、情報システムを導入することで問題は解決できると考えられています。確かにその考え方は正しいものでしょう。

　しかし、現実は理想通りにいかないことのほうが多くあります。業務を見直して業務プロセスやルールを決め、業務に合った情報システムを開発して導入した。もしくは、業務マニュアルをつくって教育をしながら現場に展開した。それにもかかわらず、これまで発生していた問題は解決されない。

　こうした**「情報システムの開発には成功したけれど、改革には失**

敗した」という悲劇的な事態は中堅・中小企業に多く発生しているのです。その理由は、**「中堅・中小企業で起こっている問題は、複数の要因が複雑に絡み合って起きている場合が多い」**という一文に集約できます。

　大手企業のシステム開発プロジェクトとは違い、**業務を見直して、情報システムを導入するだけでは問題が解決されない**のが中堅・中小企業ならではのやっかいな**「病気」**なのです。

　例えば、先に例示した「仕事のやり方は決まっているのに、明文化されたドキュメントがない」「明文化されたドキュメントはあるけれど、誰も守らないうえ、やりやすいように仕事のやり方を変えてしまう」という問題の具体例を見てみましょう。

- 現場では早く作業をしないと評価されない。だから、手順を守っていては評価につながらない――社内評価の要因

- 組織の構造が頻繁に変更されるし、異動も多いので、引継ぎも十分にできない。また配属されたら息つく暇もなく資料を要求されるので、ドキュメントを見て仕事をやるような時間がない――人事や組織構造の要因

- 業務マニュアルをつくっても、それを管理したり、現場に定着するまで教えたりする仕組みがない――管理の要因

◆ 中堅・中小企業の問題は複数の要因が絡み合っている

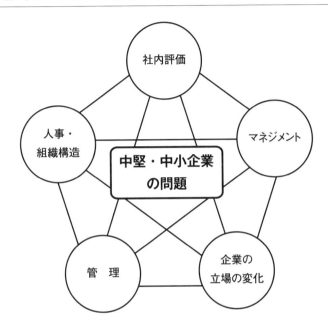

- 取引先の要求が変わり、業務内容や情報システムが合わなくなってしまった──企業の置かれている立場の変化の要因

- 取引先の要求が変わってしまって業務内容や情報システムに合わなくなっても、変化に対応できる仕組みがない──マネジメントの要因

　どの問題を取ってみても、業務内容や情報システムの問題ではなく、人の意識や組織構造、企業の置かれている立場の変化など、い

1章

「変わりたいけど変われない」という病に侵された中堅・中小企業

ろいろな要因が絡み合って起きていることがわかってきます。

　改革活動の標準的な進め方としては、最初にヒアリングや調査をして問題とその要因を特定する方法を取ります。ここで、中堅・中小企業のメンバーと議論をしていると、**メンバーは要因をつかみ切れていないことが多いことがわかります**。また、仕事のやり方や情報システムに関する要因を追及しても「本当の問題はそこじゃないような気がする」「要因はもっと根深いところにあると思う」「他の部門に要因がある」などと言われることもあります。

　誤解しないよう補足しますが、大手企業の問題の要因が単純だという訳ではありません。大手企業は、中堅・中小企業に比べれば組織や評価の仕組み、管理やマネジメントのやり方がしっかりとできあがっているので、問題の要因の切り分けは比較的容易で、現場で起きている問題であれば、仕事のやり方や情報システムの導入で解決できてしまうのです。

　しかし、中堅・中小企業の特徴として、**複雑で複合的な問題の絡み合いは、情報システムを導入するだけでは十分な解決方法を見出すことができない**のです。

企業によって
病気になる要因が違う

　中堅・中小企業において、問題が発生する環境は各社ごとに違うといっていいほど千差万別です。同じ「風邪」をひくにしても、生

活する住環境や食事の違い、同居する家族の構成や年齢、体力やその時の体調、または接触する人が違うことと同じです。**「あの企業はこの方法で変われているのに、なぜウチは変われないんだ？」**と考えたところで、隣の芝生を青く見ているだけなのです。

　企業には、立ち位置というものがあります。その立ち位置によって、他企業とのそもそもの力関係だったり、他企業の動向に基づいて生産や販売調整をするなど、お互いに影響を及ぼし合っています。

　例えば、製品をつくって売る場合、サプライチェーンを考えると、材料をつくる企業、材料を加工して部品をつくる企業、部品を組み立ててモジュールをつくる企業、モジュールや部品を組み立てて完成品をつくる企業、材料や部品、モジュールや完成品を運ぶ企業、完成品を販売する企業などがチェーンのように結び合って存在しています。

　ひとつの企業を取り出せば、そのサプライチェーンのどこに当たるのか、それが立ち位置になります。

　大手企業であれば、生産量により市場をリードしたり、消費者と呼ばれるエンドユーザーに直接働きかけたりすることができるので、「どの製品を、いつ、どのくらいつくるのか」という生産数や、材料や製品などの仕様を比較的自由にコントロールすることができます。

　例えば、家電製品の場合、市場を調査して製品の売れ行きを見ながら、販売数量を計画して生産数量を決定するなどです。また、公共企業や工事などにおいても、設備を持っている公共企業や、工事

を元請けするゼネコンが工事の規模や回数、工事に使う材料や工法、日程などまでをコントロールすることになります。

　しかし、**中堅・中小企業には自由度はほとんどありません**。中堅・中小企業は、大手企業や他の中堅・中小企業に材料や部品、製品を納めるという立場にあることが多いからです。

　例えば、パソコンやタブレットに使う液晶パネルなどのモジュールをつくる企業もあれば、その液晶パネルの構成部品をつくる企業もあります。モジュールをつくる企業であれば、パソコンやタブレットをつくるメーカーが仕様や生産数量を決め、過不足なく製品を納めなければいけません。

　同じような事業内容であったとしても、サプライチェーンのどこに位置づけられるのかによって、直面する問題や解決の方向性は違ってくることになります。つまり、立ち位置の変化によって、問題と対応策は変わってきてしまうのです。

　また**中堅・中小企業は、現在の事業規模になるまでの成り立ちも企業ごとに大きく違います**。家族経営から規模を大きくしてきたというオーナー企業もあれば、オーナー社長による成長の後は、大手企業の傘下に入って子会社になり、親会社の人事でトップの経営陣が決まる企業もあります。一方で、大手企業のひとつの事業部門を分社化してできた企業もあれば、分社化した企業が別の大手企業の傘下に入って子会社になる場合もあります。

　さらには、企業によって、創業から現在まで培ってきたブランド

や知名度の違い、製品開発力や持っている技術の違いだってあるでしょう。

　このように**成り立ちが異なる企業では、問題が発生するメカニズムが違い、社内外のパワーバランスや人間関係が、問題の発生要因や影響度に強く影響している場合もある**のです。

　この力関係や影響力の違いが、改革活動を行なう時の自由度と制約になってしまうことになります。自由度と制約とは、その企業が、企業の意思で変えることができることと変えられないことです。同じように見える中堅・中小企業で同じような問題が起きていたとしても、**ある企業でうまくいった解決策が、他の企業で起きている同じような問題を解決することができないこともある**のです。

大変革を遂げるための
手術台に今すぐ上がる必要性

　多くの中堅・中小企業は、家族経営のような数人規模から大きくなってきたり、数十人規模で創業したオーナー社長が事業を拡げて大きくしてきたという成長の仕方をしてきていることでしょう。まだ規模の小さな頃は、社長や数人の部門長、リーダーも、作業者のひとりとして、現場の第一線で働いていたはずです。ひとりの社員がいくつかの業務を掛け持ちすることもよくある話です。

　しかし、企業が少しずつ大きくなると、状況が変わってきます。当然のことながら作業量が増え、ひとりの担当者が複数の作業を掛

け持ちできなくなってきます。新入社員やパート、アルバイトに作業を分担し、何人かの担当者が複数人でひとつの作業に従事するようになってきます。

　ここに人的な問題が起きやすい要因があります。人が増えたとしても、最もその作業のことを熟知しているのは、やはり当初からその作業に従事してきたベテラン担当者です。使用する側としては、その人に作業をやってもらったほうが当然早くて正確です。そのため、本来であれば作業に合わせて組織をつくり直すところを、そのベテラン担当者に合わせて組織をつくったほうが、作業の正確性を担保できると考えてしまいます。

　これが落とし穴になります。**作業を組織的に行なおうとして組織づくりをしてきたはずなのに、一人ひとりの担当者を軸にした作業に戻ってしまうのです。**これがいわゆる**「属人化」**と言われる状況です。

　もし、十分に教育されていない新卒採用者に作業を任せれば、確かにミスをする可能性も高くなるでしょう。ミスが起これば、管理職やベテラン担当者がミスをリカバリーするために通常の作業時間以上の時間を取られてしまいます。そこで、面倒なことが起きないようにするには、自分で作業をやるしかないとベテラン担当者が考える。結局、ベテラン担当者自ら現場で作業をすることになり、新しく採用した人たちが作業に入ることができないので、**いつまでたっても人は育たないという悪循環**に陥ります。

さらにひとりの担当者が担当する作業が増えると、作業を効率的にやれるようにしたいと独自に工夫をしはじめます。作業のやり方がドキュメントなどの規定に明文化されていれば、効率のために担当者が勝手に工夫したり、作業の手順を省いたりすることはできません。しかし、部門長やリーダー、ベテラン担当者が主体となって作業をしながら規模が大きくなってきた企業は、作業のやり方を規定として明文化するための時間も取れず、常に、目の前の作業に追われる状況が続いてしまいます。

　そのような状況が続くと、**新たな担当者に対して、「作業としてやること」だけを指示することに重点が置かれ、その作業を何のためにやっているのかの説明に時間を割けず、担当者も、その作業の目的を尋ねたりしない文化・風土ができあがってしまうのです。**

　そのような文化・風土の企業では、目的もわからずに効率が悪いからと必要な作業をやめてしまったり、意味もわからずに指示されたままやり続けてしまったり、その判断は担当者に任され、担当者が独自に対応してしまいます。人によって作業のやり方が違い、どのように作業をしているのか、その人にしかわからない属人化の状況がどんどんと進んでいってしまうのです。

　事業規模の拡大と共に、拠点が増えていくと、属人化による悪循環はもっとひどくなってきます。製造会社であれば、工場や製造委託会社といった生産拠点が増え、販売会社であれば、支店や営業所が増えていきます。

例えば、製造会社が生産拠点を増やす方法として、創業時につくった本社工場の規模を拡張したり、本社工場と同じ仕組みの工場を他の場所につくったりなどの方法が考えられます。生産拠点を増やす場合、一般的には、どの生産拠点でも製造工程や仕事のやり方を同じにして、同じ情報システムを使って作業や管理ができるようにするものです。

　しかし、新しい生産拠点ができた当初は同じ仕組みであっても、生産拠点が独自に効率を上げるための取り組みをしたり、担当者が知らないうちに仕事のやり方を変えたりすることで、少しずつ仕組みが変わってくることが往々にしてあるのです。**時間が経って蓋を開けてみると、別の企業に見えるほど、製造工程や仕事のやり方、情報システムに違いが起こりはじめてしまうのです。**

　各々の生産拠点で製造工程や仕事のやり方が違えば、同じ部品や製品なのに、各生産拠点で違う品目として登録されてしまうこともあります。そうなると、同じ部品の在庫や製品の売上を全社で横断して集計したくても簡単にはできなくなってしまいます。しかも、**何日も時間をかけなければ、経営管理のための指標値や財務数値の資料ができないという大問題が生まれてきてしまいます。**

　また、これまでマネジメントや組織的な管理を意識しなくても現場が動いていたのに、組織規模の段階を上がっていくことで、気づかない間に統制が取れなくなっていくなどの弊害も属人化によって引き起こされてしまいます。

中堅・中小企業は、企業の成長過程の中で、属人化によって何とかうまくできてきたこともあります。最初は人ありきだからです。しかし仕事のやり方や職場の管理、組織や情報システムが、さらなる成長戦略を実現する時期に差しかかってきた時に、属人化は企業にとっての病気を起こしやすいものになるのです。

　若い頃は、多少無茶をしても身体は平気だったけれども、歳を重ねると同じようなことができなくなることと同じです。**属人化から脱却するには、組織のありよう、仕事のやり方など、今までの考え方を一度捨て去らなくてはいけません。**

　その大手術を成功させるかどうかは、「本気で企業を変えていく」という強い意志で、全社一丸となって手術台に上がっていくことなのです。

洗練された古いやり方

　ある時、業務の効率化や生産性の向上を目的にプロジェクト活動を進めていた企業から、こんな相談がありました。

　「実行段階で活動がストップしてしまった。新しい仕事のやり方を決めたにもかかわらず、対象部門の人たちが新しいやり方に一向に変えようとしない」

　その企業では、これまで個々の裁量で仕事が進められており、いわゆる属人化が進んでいた状態でした。どうやって業務を処理しているのか、何を見て成否の判断をしているのかが、その担当者にしかわからない状態です。

　肝心の担当者は、他の人に業務を頼むよりも自分でやったほうが早いために抱え込みがちになっていました。他の人たちとしても、内容がよくわからない業務を請けることでミスをしてはたまらないと言わんばかりに、我関せずの状態が当たり前の光景に。

　担当者はいつも忙しい。作業を振れない。生産性が上がらない。何が忙しいのかの状況も把握できない。まさにブラックボックスの中で、悪循環が繰り広げられている状態だったのです。

　経営陣はそこを問題視。会社全体で仕事のやり方を見直して効率化を図り、一人ひとりの生産性を上げるように指示が出て、プロジ

ェクト活動がはじまりました。

　まずは担当者が抱えている業務の内容について、理想的な業務プロセスを描きながら手順や判断基準も明らかにしました。標準的に使えるツールも準備。こうした活動の結果、誰もが同じように業務ができるようになり、担当者ひとりにかかっていた負担も分散する流れが見て取れました。

　ここで冒頭の相談が舞い込んできたのです。結果だけを見る限り、私にはプロジェクト活動が順調に進んでいたように見受けられました。しかし実行段階で活動はストップ。その要因は「効率化」や「生産性」という言葉にありました。

　社員の皆さんは、プロジェクト活動の開始以前も問題意識を持って、日々の業務を洗練させながら業務の効率化に取り組んできました。例えば、Access を駆使しながら計画の立案や進捗管理をしたり、Excel を使って自分たちで必要な情報をつけ足しながら管理したりするなど、自分たちなりに仕事のやりやすさや生産性を追求してきたようです。

　しかし、今回のプロジェクト活動では、こうした業務のやり方を踏襲しながらも、誰でも同じ品質や結果の出せる仕事のやり方へと変えることになりました。ところが、個人レベルで見ると、今よりも効率が落ちてしまう内容もあったようです。

「どうして効率が落ちて生産性が悪くなる業務のやり方をしなければならないのか」

　現場レベルで見ると、洗練された古いやり方のほうが効率もよく、生産性もよかった。つまりプロジェクト活動以前に自分たちが見出したやり方のほうが会社のためになるという強い想いを持っていた。だからこそ、どうしても新しい仕事のやり方に変えたくなかったようです。これは、「個人」から「仕組み」で動くやり方に変える時に起こる阻害要因のひとつです。

　対策として、「個人レベルではなく組織全体で業務効率化と生産性向上を実現するためにプロジェクトというものが必要なのだ」ということを、少々時間をかけてでも現場に理解してもらい、さらに人事評価の見直しも行なって実行段階を再スタートさせていきました。

2章

名経営者がやらない
改革活動の間違い

1 「現状」と「ありたい姿」で発生する落とし穴

問題解決型アプローチという間違った予防策

　改革活動の経験がある中堅・中小企業の方々に聞くと、こんな言葉が返ってくることがあります。

「会社を根本から変えようと、全社本気になって、改革活動に取り組みました。……でも、結局は大きな変革には至らなかった」

　またある企業は改革活動自体が途中から進まなくなってしまいました。別の企業では、当初の想定とは全然異なる、可もなく不可もない結果に落ち着いてしまいました。

　なぜ、このような中途半端な顛末を迎えることになるのでしょうか？

　改革活動に取り組む企業は、得てして最初に現状を分析し、問題を把握することからはじめます。なぜなら改革活動は問題を解決する取り組みなので、何が問題なのか、どこに問題があるのかが理解できていなければ、何にどう取り組めばいいのか決めることすらできないからです。

　そこで問題把握のプロセスとして、まず取り組むのが現状の業務プロセスの「見える化」や問題の「可視化」です。

つまり、業務に関して見えていない箇所（グレーゾーン）や、隠れている問題を浮き彫りにし、問題を確実に把握するところからはじめます。

　次に、問題が発生する要因や因果関係を分析し、障害となる要因を排除する方法や、必要な解決策を決めて実行します。その解決策はケース・バイ・ケースで、情報システムの活用、意思決定や営業などのプロセス、手順・ルールの見直しなど、企業の状況によって異なってきます。

　こうしたプロセスは、一見、理にかない、改革活動の手順として当然正しいプロセスのように見えます。
　しかし、**今起きている問題を把握し、その問題を解決すれば会社がよくなるという「問題解決型アプローチ」は、今の中堅・中小企業における改革活動では限界に来ている**——もっと言うと、**もはやこの方法では改革活動を行なっても結果が出せない**ことがわかってきています。
　中堅・中小企業の取り組みが中途半端な顚末を迎えてしまう最大の落とし穴は、ここにあったのです。
　改革活動がうまくいかず、途中で頓挫してしまったという中堅・中小企業の現場を見てみましょう。

・現状を把握して、業務プロセスを「見える化」した
・しかし、見えてくる問題は、仕事の流れの悪さや手間がかかっ

◆ 問題解決型のアプローチは限界にきている

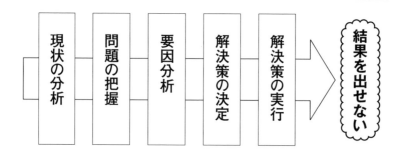

現状の分析 → 問題の把握 → 要因分析 → 解決策の決定 → 解決策の実行 → 結果を出せない

ている部門、無駄な業務がわかるだけ
• その解決策に取り組んでも、微々たる工数の改善にしかなっていない

　この取り組みは、改革というより改善レベルの取り組みです。とても顧客への対応力が上がったり、収益が改善されたりするとは考えにくいものです。経営層からも「最初からやり直せ」と指示が出てしまうのは目に見えているでしょう。

問題の指摘が
モチベーションの低下を招く

　一方で、問題を把握するために、まずはさまざまな部門をヒアリングして、どの部門でどのような問題があるのかをリストアップしたという話もよく聞きます。この方法であれば、確かに問題がクリアになることは間違いありません。

例えば「この部門は○○ができていない」「この部門は○○が不十分である」「○○が守られていない」など、具体的に細かな課題が明確になりやすいからです。

　しかし各部門からしてみると、ヒアリングに時間を取られた上に、問題を指摘されるだけでなく徹底的にダメ出しされることになります。ぬるま湯に浸かって改革活動に取り組もうとしない部門にはいい刺激になるでしょうが、ほとんどの人たちにとってポジティブに問題に取り組めるやり方ではないでしょう。
　なぜならば、**今の仕事のやり方はよくないと自分たちでもわかっているところを、外からストレートに刺激されるのですから、「よし、変えてやるぞ」と前向きに奮起する人は少ない**はずです。
　加えて、経営層から「そんなこともできていないのか」と叱責されれば、**改革活動へのモチベーションはガタ落ち**になってしまいます。

　問題が発生する要因や、問題と発生要因の因果関係を分析する時の弊害はもうひとつあります。それは**責任転嫁と犯人捜し**です。問題を指摘された部門は、「原因をつくっているのはうちじゃない！○○部だ」と言いはじめるなど、責任転嫁どころか、問題を発生させている箇所まで細かく探し当て、犯人を特定して責任を逃れようと（または軽くしようと）していきます。

　例えば、ある企業にお客様から営業部門に納期の問い合わせがあったとしましょう。この企業では、納期がわからないことが多く、

営業部員はいつも納期回答ができずにいました。当然ながら、顧客の注文を逃してしまうので、上層部から指摘を受けます。「どうしてお客様が他社へ流れるのか」と詰問されると、営業部門はこう答えるのです。

「自分たちの応対は間違っていません。工場が納期を答えないから、お客様のご要望に応えきれないのです」

　そこで今度は、工場になぜ納期を答えないのか聞いてみると、工場で生産計画通りに生産できないことがわかってきました。生産計画を基に納期を回答しても、その計画通りに生産できないため、工場は納期がわからないと答えていたのです。

　この時、工場が計画通りに生産できない要因は2つありました。ひとつはサプライヤーが納期通りに部品を納入できないこと。工場は、サプライヤーが納期通りに部品を納入できないのは、仕様が確定するタイミングが遅いために部品の発注が遅れてしまうからだと主張します。このことについて営業部へ尋ねると、仕様が確定するタイミングが遅いのは、必要なタイミングで顧客から仕様を提示してもらえないからだと主張します。となると、「結局問題があるのは顧客の側なのか？」という結論に達してしまい、「では、どうすることもできないじゃないか」という見解になってしまいます。

　もうひとつの要因は、営業部門から突発的な注文があって、生産

計画を立ててもその注文を割り込ませるために計画をその都度変更していることでした。このことについて営業部へ聞くと、顧客の要求だから仕方がないことだし、急な注文にも対応しているから我が社の製品が顧客に選ばれているのだという主張が跳ね返ってきます。

こうなると、もう堂々巡りです。どこがどう悪いのか、特定するのも難しくなるでしょう。**結局、問題を発生させている要因を追求すると、複数の要因に分散していったり、関係する部門がお互いに他の部門に要因があると言い合いになって、要因がグルグルと持ちまわったり**します。

最終的には、この事例に出てくる「顧客が悪いから仕方がない」というように、自社では解決ができない社外に要因を見出していってしまうことも少なくありません。

問題と発生要因の因果関係を分析しても、見えてくるのは、問題と発生要因が複雑に絡み合い錯綜してモンスターのようになった姿だけなのです。

「問題解決型アプローチ」でも、複雑に絡み合った問題を地道に紐解いていけば、結果的に要因を特定していくことはできなくはないでしょう。そして、それらの要因を、ひとつ一つ解決することも、やろうと思えば不可能だとは言い切れません。しかし、問題を指摘されてモチベーションが下がっている上に、責任転嫁をしている人たちに「積極的に改革活動に取り組み、結果を出していこう」という想いを持ってもらうことはできるでしょうか？

◆ 問題と発生要因が絡み合い錯綜する

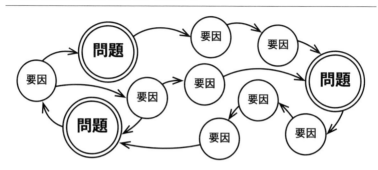

　また、こんがらがった紐を丁寧にほどくには、それなりの時間と労力がかかります。**問題と要因が絡み合っていればいるほど、ひとつの要因が影響を及ぼす範囲は広くなり、そういう影響範囲の広い要因に限って、解決するのが大変難しく、時間がかかってしまうも**のです。確かにこのような状況になると、改革活動に対して諦めの境地に至るのも理解できなくはありません。

　さらに「問題解決型アプローチ」は、「問題−要因−解決策」がひとつのセットになっています。このセットを一旦つくってしまうと、その解決策が何らかの障害があってうまくいかなかった時に、これ以上は問題が解決できないという構図になり、改革活動が止まってしまうのです。

　問題に注視し解決することは、大事なことのように見えますが、企業が改革活動の先に望んでいた将来の姿とは異なります。つまり**改革活動の本質は、単に目の前にある問題を解決することではない**のです。

　また、解決策自体が夢のような内容だったり、何年も時間をかけ

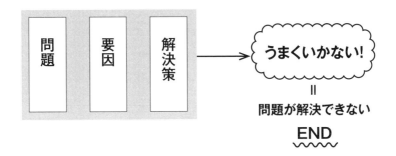

◆ 解決策がうまくいかないと活動が止まる

ないとできないほどハードルの高いものであることも多く、最初か
らできそうもない解決策を前提にした改革活動もよく見かけます。
このような場合も、**一度設定した解決策がうまくいかなければ、も
うそれ以上の可能性がなくなり、そこで改革活動はストップしてし
まいます。**

　これが、中堅・中小企業の改革活動に対する「問題解決型アプロ
ーチ」の限界であり、これまで目の前で起きている問題を解決しよ
うと改革活動に取り組んできた中堅・中小企業が、中途半端な活動
に終わってしまう理由なのです。

「標準化」という言葉は
百害あって一利なし

　改革活動の現場でよく聞く言葉に「標準化」があります。この標
準化という言葉、意味合いがひとつだけではありません。改革活動
に関わる標準化には2つの意味があるため、安易に標準化という言

2章

名経営者がやらない改革活動の間違い

葉を使うと改悪になってしまう可能性があるので注意が必要です。特に、情報システムの開発や導入を考えている企業は、２つの意味の違いを正確に知っておく必要があるでしょう。

　標準化のひとつ目の意味は、**組織内で基準やルールを統一すること**です。中堅・中小企業では、これまで企業の大部分の業務を「人」が動かしてきました。つまり、部門長やリーダー、ベテラン担当者が主体となって作業をすることで、仕事がうまくまわってきたのです。

　ということは、そこにいる「人」の考え方次第で作業のやり方も違えば、判断の基準も違ってくることになります。また、その人にしかできない特殊技術ないし経験が必要な作業や、その人の経験や判断基準から生まれたルールが業務の前提となると、先に書いた「属人化」という問題が起きてしまいます。

　急激に規模が大きくなってきた中堅・中小企業にとっては、この属人化の問題が成長に対して大きな障壁となります。**新入社員が、先輩社員と同じように作業をできるようになるためには、標準化によって生まれた判断基準、ルールなどに則らなくてはいけません。**

　ですが、ある部署はＡさんの決めたルールに則り、ある部署はＢさんの設けた基準に従うとなってしまうと、同じ国の中に異なる法律があるようなもの。同じやり方に統一していくことが必要になります。

　もうひとつの標準化は、**世界的な成功ノウハウに自社の方法論を合わせていく**というもの。情報システムの開発や導入を検討してい

る企業は、必ず「どのパッケージソフトを選ぶか」という選択肢に
直面します。パッケージソフトというのは、情報システムに搭載さ
れる既成の業務系のソフトウェアのこと。世界の優良企業の成功事
例の仕事の流れやノウハウを取り入れたベストプラクティス（最も
効率がいいとされる技法、手法、プロセス、活動など）を基に設計
されています。

　ということは、どの企業でも、**パッケージソフトを適用しさえす
れば、ベストプラクティスな仕事の流れを実現できると想像できま
す**。このパッケージソフトにある仕事の流れを「標準モデル」や「標
準業務」と呼び、**パッケージソフトの標準モデルに自社の仕事の流
れを合わせることを、標準化と呼ぶことがあるのです**。

　標準化という言葉について、情報システムの開発や導入が当たり
前になっている現在では、パッケージソフトの標準モデルのやり方
に統一するという、後者の意味が一般的に使われるようになってい
ます。

　情報システムとしてパッケージソフトを活用するメリットは、新
規に個別の情報システムを開発しなくてもよいこと。つまり情報シ
ステムへの投資を抑えることができるわけです。またパッケージの
標準モデルを使えば、その後のバージョンアップの費用も抑えられ
るメリットもあります。

　パッケージソフトは、定期的に新しいバージョンにアップデート
されます。パッケージソフトとはいえ、自社独自の仕事のやり方に
合わせてカスタマイズ（新たにプログラミングをして標準モデルを

改修すること）もできるのですが、バージョンアップする時に、標準モデルをそのまま使うことができなくなります。もし、新しいバージョンのパッケージソフトにも自社独自のカスタマイズを適用するとなれば、別の費用が発生してしまいます。そのため、自社の仕事のやり方をパッケージソフトの標準モデルのやり方に統一するという標準化が一般的になりました。

　パッケージソフトの標準モデル導入による標準化が浸透した理由は、もうひとつあります。属人となっている作業や判断基準、ルールなどを、同じやり方に統一したいと考えている中堅・中小企業が、独力でバラバラだった仕事のやり方を統一することは非常に難しいものです。
　標準的な作業とはどのような仕事のやり方なのか、企業単位で容易に考えだせるものではありません。また、特定の人の仕事のやり方に合わせるとなれば、なぜその人の仕事のやり方に合わせないといけないのかと、他の人から不満の声があがることも考えられます。
　ということは、すでにベストプラクティスというお墨つきがあるパッケージソフトの標準モデルのやり方に合わせれば、誰も難しいことを考えなくてもいいし、文句も出ないだろうという思惑で、パッケージソフトの標準モデルのやり方に統一するという選択が一般的に使われるようになったのです。

　しかし、中堅・中小企業には企業ごとに他社と差別化できる技術やサービスがあり、十人十色ならぬ十社十色の個性や魅力があるも

のです。その個性や魅力がお客様に選ばれる理由になっているなら
ば、**安易な標準化は大変危険なことである**とも言えるのです。

　社員一人ひとりが考えてやってきた仕事のやり方、顧客へのきめ
細やかな対応によって、他社との違いを明確にし、優位性を確立で
きている局面もあるはずです。**改革活動で真に大事なのは、思考停
止をしたまま「ベストプラクティス」や標準化という言葉に流され
ていくのではなく、自社の個性を大切にして、さらに魅力や価値を
高めていくこと**なのです。

　費用をかけてでも自社の個性を活かした自社のやり方に統一する
という標準化と、パッケージソフトの標準モデルのやり方に統一す
るという標準化をしっかりと区別せずにありたい姿を描いてしまう
と、期待する改革活動の結果を得られなくなってしまうので注意が
必要です。

2 │ 「取り組み施策」で 発生する落とし穴

改革活動と 改善活動は大きく違う

　ありたい姿を描けているのに、その姿に近づくことができない——。

　このような状況になると、誰だってもどかしいものです。中堅・中小企業が取り組む改革活動において、誰もが将来の理想の姿を見ているのに、その姿を実現できないジレンマに苦しんでいるとよく耳にします。

　もちろん中堅・中小企業にも、各々の部署や現場で行なう改善活動の経験はあるでしょう。改善活動とは、今起きている問題が何かを明らかにして、"なぜなぜ分析"（トヨタに代表される生産方式の分析手段）を繰り返して真の要因を分析し、どうすれば改善できるのかアイデアを出して、実行していく活動です。

　例えば、多くの企業の生産現場で行なわれている改善ケースを見てみましょう。工具が雑然と置かれていたら、必要な工具をその都度探さなくてはならず、無駄な時間がかかります。そこでロス時間をなくす改善アイデアとして、工具の保管場所をあらかじめ決めておけばいいことに気づくでしょう。

加えて、置き場所に、白い線で工具と同じかたちを描いておけば、工具の名前がわからなくても、白線のかたちを見ただけで、何も迷うことなく同じかたちの工具を置けばいい。もし決められた置き場所に工具がなかったら、工具を置き忘れたということに気づくこともできます。

　このようにすでに現状が把握できて、ありたい姿として取り組む施策もわかっているのであれば、あとは実行あるのみです。工具の置き場所さえ決めて、白い線でかたちを描いてしまえば、すぐにでも、ありたい姿が実現できてしまいます。**改善活動は、ありたい姿さえ見えてしまえば、すぐにできてしまうものです。**

　しかし、改革活動の場合は勝手が異なってきます。改善活動であれ、改革活動であれ、「現状を変えて、ありたい姿を実現する」ということに違いはありません。**改善活動と改革活動で大きく違う点は、ありたい姿という視点で見た時の、現状とありたい姿のギャップ**なのです。

　ありたい姿を実現するために解決しなければならない課題の大きさや難しさ、面倒くささがまるで異なってきます。

　改革活動は、「これまでやりたくてもやれなかったこと」「変えたくても変えられなかったこと」を、会社全体で改革できる体制をつくって、会社として変えていこうとする活動です。これまで変えようと思ってもできなかったということは、変えられない理由、つまり、解決できない大きな課題があったからにほかなりません。

「できない」から
「できる」へ意識を向ける

　　改革活動において課題を解決するためには、社内の複数の部門や、時にはお客様や調達先を巻き込んでいくことがあります。お互いの利害関係を調整したり、何かを変えてもらうように相談を重ねなくてはならないこともあります。場合によっては、仕事のやり方や手順を変えるほか、複雑な情報システムを開発したり、規則性のない乱雑なデータを再編集して使用できるよう整備しなければならないでしょう。

　いわば、これまで経験したことがないようなことを、一つひとつクリアしていくことが求められるのです。

　子供の頃、体育の時間に逆上がりで苦心したことがある人も少なくないでしょう。この時、まずは先生が見本を見せてくれるはずです。ところが、先生が逆上がりをする姿を見て、「これをやればいいんだな」とわかっていても、実際自分がチャレンジするとできないことに気づきます。

　この時、自分が想像している「逆上がりをする姿」は、今の自分にとって理想的な姿、つまりありたい姿です。しかし、そのありたい姿どおりに逆上がりをやれる人もいれば、やれない人もいます。逆上がりをやれるようにするには、トレーニングが必要で、鉄棒の持ち方、体の振り方、足の上げ方、体の使い方など、手順を追って体得して、ようやく逆上がりをマスターできるようになります。

一度できてしまえば、何ということもありません。でも、この「できない」という状態から「できる」という状態に持っていくまで、一つひとつ課題をクリアする過程をたどらなければならないのがおわかりになるでしょう。

　中堅・中小企業で改革活動を行なう際によくあるのが、**ありたい姿を描いて活動を進めようとして、やれない理由がたくさん出てくる**という状況です。
「現場のパートや派遣社員がそんなことできるわけがない」「そんな情報を取引先が出してくれるわけがない」「他の部門ができないと言ってくる」「経営トップが理解してくれないだろう」など、どんどんと出てきます。

　しかし、その**できない理由の裏返しが、現在直面している課題**なのだと考えたら、どうでしょうか。

「現場のパートや派遣社員にそれをやってもらうことが課題である」
「取引先に情報を出してもらうことが課題である」
「経営トップに理解してもらうことが課題である」
　そうするためにはどうすればいいのかを考え、実行するのが改革活動なのです。
　ありたい姿は描け、やることは明確になっている。しかし、これまで手順を追い、時間をかけて課題を解決してきた経験がほとんどない中堅・中小企業は、そこから先、何をどのような手順でどれく

らいの時間をかけてやるのかがわからない。だから活動が進まなくなるのです。

　中堅・中小企業は、改革活動と改善活動で、課題解決のやり方の違いまで理解していないため、改革活動でもすぐに実行できると思って進めてしまいます。しかし、その結果、中途半端に終わってしまったり、頓挫したりして、結果が出せなくなってしまうのです。

ありたい姿に向かう道筋は 一本だけではない

　ありたい姿の実現に向けて、**最初にやることは、取り組み施策を設定すること**です。変えなければならないことや、新たにやらなければならないことをすべて洗い出し、取り組みやすい活動の単位に組み合わせたり、切り分けたりして、それを実行すればありたい姿になれると誰もが納得するような取り組み施策を設定します。

　多くの中堅・中小企業の改革活動で起きていることは、**すべての課題を解決しなければ、結果が出ない**という現実です。

　つまり、ひとつの取り組み施策を行なっただけでは現状の姿を変えることができないのです。中堅・中小企業がありたい姿を実現するためには複数の取り組み施策を行なう必要があります。中堅・中小企業で起こっている問題は、複数の要因が複雑に絡み合って起きている場合が多く、それらをすべて解決しなければ課題はなくならないからです。

また、複数の取り組み施策を行なうにしても、どの取り組み施策を実行しなければならないかは、企業の状況によってさまざまです。

　つまり、同じ課題を抱える企業であっても、取り組まなければならない施策の組み合わせは異なります。しかも、同じ取り組み施策を見てみても、改革活動に割くことができる人員や時間、人のスキルや素養も違えば、発生している課題のレベルも違うため、実行のやり方や進め方もやはり企業ごとに異なります。

　つまり、**一様に「この施策をやれば課題が解決する」という絶対法則があるわけではなく、現在の姿からありたい姿への道筋は一本道ではない**のです。ということは、反対に、ひとつの取り組み施策が実行途中にできないとわかったとしても、別の取り組み施策でありたい姿を実現することもできるはずです。**改革活動では、目的のためには手段を選ばず、途中で取り組み施策を柔軟に変えることも**あるのです。

3 「人」で発生する落とし穴

プロジェクトの名前に
"システム"を入れて生まれる大誤解

　改革活動をはじめる時に、意気込みを社内に表わすために、改革活動やプロジェクトに名称をつけることがあります。その際、あまり深く考えることなくキックオフ直前に慌ててつけたり、改革活動の予算稟議書類に書いた名称が、成り行きでそのままプロジェクトの名前になってしまうことも多々あります。

　しかし、名称や名前というものは、長くつき合うもの。人も、生まれてから死ぬまでつき合うものは名前です。名前がその人の人となりや印象までつくり上げてしまうのと同じように、プロジェクトの名称も、改革活動がはじまってから完了するまでつき合い、そのプロジェクトの性格を形成し、印象づけるものになるのです。

　さらには、改革活動の着地点にまで影響を及ぼしたり、その着地点すらも変えてしまうほど、非常に重要な位置づけのものとなります。極端なことを言えば、**名前をつけた段階で改革活動の成否さえも決めてしまうと言っても過言ではありません**。十分に考えて、企業の想いを名称に入れ込む必要があります。

　では、どんな名称がふさわしいのでしょうか？　最近は、情報シ

ステムを起点にした改革活動が増えていますので、その例で考えて
みましょう。

　情報システムの開発や導入がすでに決まっていて、これを機に問題
をすべて解決し、会社を根本的に見直そうというように、情報シス
テムの開発や導入を伴う改革を計画しているとします。ありがちな
のは「○○システム開発プロジェクト」や「○○システム再構築プ
ロジェクト」というプロジェクト名。残念ながら、**このような名称
は改革活動の方向を誤らせ、最悪の結果をもたらす可能性が大**です。

　いったいどうして「○○システム開発プロジェクト」や「○○シ
ステム再構築プロジェクト」という名称がいけないのでしょうか。
今、会社で起こっている現実を知るためのヒアリングにスポットを
当てて、人間の意識のありようを考えてみましょう。

　まず、ヒアリングの対象者に、「○○システム再構築プロジェクト
で、ヒアリングをしたい」という案内が送られます。話を聞く側は、
ヒアリング対象者から現状の仕事と問題認識、将来に対する「こう
したい」「こうなるといい」という「想い」をしっかりと聞いていき
たいと考えるでしょう。
　しかし、ヒアリングに呼ばれた人は、**そもそもプロジェクトの名
称に「システム」が入っているので、"情報システムに関係した活
動"というイメージが事前に刷り込まれてしまっています**。ですか
ら、「情報システムに関する現状実態や問題だけ話せばいいだろう」

と、大きな誤解が生まれてしまうことがあります。

　この誤解は厄介なもので、「改革活動なので、情報システムにかかわらずすべてのことを話してください」と伝えたとしてもこのように言われてしまいます。

「情報システムのプロジェクトですよね。なんでそんなことを聞くのですか」

「情報システムに関係ないことを、あなたに話して何になるのですか」

「そんなこと話しても無駄じゃないですか」

　こう返されると、本当に知りたい現実を知ることができなくなります。そうなってしまうと、「ありたい姿」を描くことすらできなくなる——つまり改革活動のスタート地点に立つことすらもできなくなってしまうわけです。

　これが、**「業務改革プロジェクト」や「需給プロセス改革プロジェクト」**という名称であれば、どうなるでしょうか。**「仕事のやり方を変えるために情報システムを導入するんだ」**と、説明をしなくても理解してもらえるはずです。

　もっと言うと、「業務効率化と営業強化のための業務改革プロジェクト」「事業環境変化への対応力強化のための需給プロセス改革プロジェクト」というように、**「○○のために」という目的を示すワードを名称の中に含めると、より明確にプロジェクト活動の位置づけを伝えることができます。**

改革活動を他人事にする
社員の本音

　改革活動で結果を出すためには、「なぜやるのか（Why）」、「何を
するのか（What）」、「どうやって実現するのか（How）」という３
つのファクターを適切に組み合わせることが求められます。

　もちろんこの組み合わせがうまくいくだけでは結果は出ません。
結果を出すためには、自分たちの会社をもっといい会社にしたいと
いう想いを、活動をはじめた時から結果が出るまで、社員全員が持
ち続けることが必要なのです。

　そのため、改革活動を稼働させる時、日常業務の組織体制とは別
に、プロジェクトをつくります。プロジェクト体制にすることで、
部門の利害関係を取り払い、会社全体の最適解を求めるだけでなく、
忙しいキーマンの時間を確保するのです。

　しかし、この**プロジェクト体制がデメリットになるケース**もありま
す。プロジェクトメンバーとそれ以外の社員との意識が引き離され、
**プロジェクトメンバー以外のほとんどの社員にとって改革活動が他
人事になってしまい、プロジェクトが空まわりしてしまう**のです。

　誰もが自分の会社がよくなることを望むのではないか――、他人
事になるなんて、おかしいのではないか――、経営者やトップマネ
ジメントに関わる人は、改革活動に距離をとる社員の心理が理解で
きないかもしれません。

ここでしっかりと見つめてほしいことは「プロジェクト体制は、いわば選ばれた人たちでつくられた組織体制」であること。どんなに「全社一丸」をうたっていたとしても、企業の社員全員をプロジェクトメンバーにするわけにはいきません。つまり、**一部の社員だけが参加できる閉じられた世界**になってしまうのです。

　社員個々の心の内側を覗き見てみると、会社や仕事に対して、さまざまな温度感をもった考え方が見て取れます。中には「自分の部署や自分だけに都合のよい状況になればそれでいい」といった、自分中心の考え方もあるでしょう。もっとひどい場合は「会社が変わる？　私にはあまり関係ないけど」と、会社を変えていこうという熱量すら持っていなかったりします。

　そのような人たちが一堂に会して議論をしたとしても、とても会社全体の想いをまとめることはできないはず。無論、自分たちの理想とする姿、ありたい姿を描くこともできません。

　ですから、改革活動の初期の段階、ありたい姿を描いていく段階では、**どうしても限られた人たちで検討を進め、限られた人たちだけで誰もが「そうだよね」と思えるようなひとつの想いをつくりあげていく必要がある**のです。

　もっとも、プロジェクトメンバーであっても「いい会社にしたい」という想いはあれど、「いい会社」のイメージが最初から具体的になっているわけではありません。ありたい姿、それぞれの理想を俎上に議論していく中で練り上げられ、ひとつになっていきます。

そこで気をつけなくてはいけないのが、**議論に加わっているプロジェクトメンバーだけが想いを共有し、それ以外の社員の人たちが想いを共有できなくなること**です。

　プロジェクトメンバーに選ばれた人以外の社員が、「活動がはじまったことすらも知らなかった」というケースは決して珍しくありません。

　改革活動の存在や、プロジェクトメンバーがつくり上げてきたありたい姿、さらには想いをプロジェクトメンバー以外の社員が知るのは、ずっと後の、「実行」の段階です。それまでに、何人かの社員はヒアリングを受けたり、意見を聞くために議論に参加したりすることはあるかもしれませんが、想いが醸成される議論の場に参加することはありません。想いを伝えられるのは、多くの社員にとって、あまりにも突然である場合が大半なのです。

　想像してみてください。今まで直接的な接点がなく、会話もしたことがない男性と女性がいたとします。男性は駅で何回か女性を見かけた程度。同じ車両に乗り合わせ、目が合う程度のことはあったかもしれません。ここで、この男性がその女性を意識し、どんどん恋慕の情が深まっていくとしましょう。男性は、女性に親し気に話し、おつき合いできた姿をイメージをし、さらには結婚した後の姿を想像するほどにまでなっていくかもしれません。そして、感情が頂点に達するころ、男性は思い切って初めて女性に声をかけます。「私とあなたが結婚した姿をいつも考えていました。あなたは、この

家に住んで、私と結婚生活をするのです。キッチンはこうで……」。
繰り返しますが、この時点で、男性と女性は一度も話したことがありません。突然、このような「想い」の伝え方をしたら、結果はどうなるか……、想像に難くありません。

　このたとえはあくまで極論ですが、改革活動の現場では似たようなことが起きているのです。
　限られた人たちがまとめ上げた企業の想いは、多くの場合、突然、他の社員に伝えられます。すべてができあがった後、例えば情報システムの操作方法をレクチャーする際などが最も多いケースでしょう。「あなたたちが使う情報システムはこれです。使い方は……」というように、密閉空間の限られたひとたちで練り上げられた想いは、他の社員にとってはゲリラ豪雨と同じ。もはや口出しできない状況で、突然、降ってくる状況に対応を余儀なくされるだけなのです。

　どうしてこのような情報システムにしたのか。この情報システムを使ったら、会社はどのような姿になることを目指しているのか。この情報システムを使ってどのような成果を出そうとしているのか。この会社の姿、この情報システムにするに至ったプロジェクトメンバーの想いはどういうものだったのか。こうしたことを、たとえ伝えられたとしても、突然言われた想いをその場で納得することは無理なことだというのがおわかりでしょうか。

　情報システムの話だけではありません。仕事のやり方、手順、部

門の管理や評価のやり方やそれに使うフォーマット、販売計画や生産計画などの計画調整のやり方を変えるほか、大きく組織改編をする時も同じです。**現場で実行する人に、突然、やることだけが伝えられるのです。**

　これで簡単に納得せよというほうが難しいでしょう。医師が患者に手術内容を伝える時、昨今では細かい箇所まで説明を行ない、患者や患者家族の意思を尊重し、具体的な相談を重ねてから手術を行ないます。もし医師が患者に事前に何も相談や説明がなく「明日手術です」と告げると、患者はどのような気持ちになるでしょうか。

　会社を改革するということは、社員たちにとって自分の毎日が変わるということです。そこに共鳴するためには、事前に知らされるべきこと、腹落ちするために必要な説明が不可欠なのです。

　中堅・中小企業の手掛ける改革活動では、かなりの割合で、この想いを共有する過程を軽視してしまうケースが見受けられます。想いを共有できないことで、「なんで私たちがこんな面倒なことをしないといけないの？」と、改革活動が他人事になってしまいます。しかし、これを一方的に責めることはできません。社員が他人事になるのは、他人事になる理由があるからであり、**自分事にできない体制にならないように会社全体を「丁寧に」巻き込んでいく必要がある**のです。

姿かたちができあがることが
目的になっている

　一般的な情報システムの開発においては、情報システムを開発する前に、まずあるべき姿を描きます。次に、その姿を実現するために必要な情報システムの要件定義を行ないます。理論上、要件を満足すれば、あるべき姿を実現するために必要な情報システムが手に入ることになります。

　ここで開発の費用が予算内に収まらないとか、当初の期限までに開発が終わらないという、プロジェクトマネジメント上の問題が出てくるかもしれません。それでも、最終的に要件を満たす情報システムが手に入れば、あるべき姿の実現に大きく近づけます。

　つまり、改革活動においては、まず自分たちの目指す理想的な姿——ありたい姿を実現することが目標になります。

　ここで勘違いしてはいけないのが、**ありたい姿を実現することが、すなわちゴールではない**ということです。

　ありたい姿を実現することはできたが、結果が出ていない——その理由は、ここがマラソンでいえば中継地点であることがわかっておらず、姿かたちができあがったことで満足してしまうからです。

　わかりやすく言えば、手術のための手術室の予定を押さえ、執刀医、麻酔科医、助手など手術に必要なスタッフもすべて揃えた時点で「手術は成功した」と言っているようなもの。また、医師の国家

試験を受けるために、参考書籍を大量購入した医学生が、書籍の購入で勉強した気になっていることと同じです。

　現実味のある例で言うと、業務効率化や経営判断のスピードアップのために情報システムを開発して導入した企業が、「情報システムを導入できたから、もう万々歳だ」と安心し、本当はここからはじまるはずの業務効率化や経営判断のスピードアップに着手していかない……これでは本末転倒です。

　情報システムを導入する時には、「情報システムの検討に入る前に、企業としてあるべき姿を描かなければ失敗しますよ」と必ず言われます。もはや誰もが知っている常識です。業務効率化を目指して情報システムを開発した企業としては、業務を効率化できた将来の理想的な姿を思い描いていたはずです。経営判断のスピードアップを目指して情報システムを導入した企業は、経営判断をスピードアップできている経営スタイルを描いていたはずです。

　しかし、**結果的に情報システムの導入に成功したという企業の割合は全体の約３割にすぎないと言われているのはなぜでしょうか。**情報システムを導入して結果が出たという事例がほぼ皆無なのはなぜでしょうか。情報システムの導入は戦略的な目的もあるので、結果を公表できないのかもしれませんが、それでも情報システムの導入成功が約３割というのは、尋常な数値ではありません。

　実は、この**「姿かたちができあがったことで満足して、改革活動をやった気になっている」**というのが、成否の境目となる場合が多

◆ 姿かたちができあがったことで満足してしまう

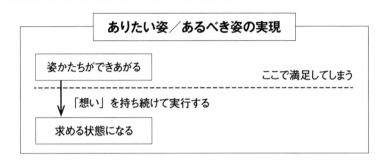

いのです。

　また、**改革活動を進めていく途中で、「ありたい姿にしたい」とい**う「想い」を見失ってしまうケースも見受けられます。

　ありたい姿を実現するための道のりは遠いもの。そして、活動が具体的な行動に落とし込まれていけばいくほど、「できない理由」が次々に出てきます。ここで踏ん張って、悩みながらも解決方法を考え出し、実行していかなければ、ありたい姿など実現し得ませんし、求める結果も得られません。

　しかし、難しい課題にぶつかって心が萎えたり、目の前の課題を解決することに満足したりしてしまうのも人間の業というものです。この業をコントロールし、どれだけの人がその想いを持ち続けられるか。**改革活動の過程で想いが失われてしまえば、たとえ姿かたちができあがったとしても、結果は出ないのです。**

116

密室会議の恐怖

　ある企業とともに、その企業のありたい姿——事業活動の将来構想を検討することになりました。それが終わった後、プロジェクトがはじまってから5ヶ月ほど経った時の話です。

　その企業のプロジェクトで、まずは、ありたい姿の具体化と実現上の課題の検討をしていました。選任されたプロジェクトメンバーが、すでにありたい姿を一枚の概念的な絵図にまとめ、コンセプトを作成し終わっていたので、関連部門でタスクチームをつくって業務が運用できるレベルまで具体化してもらうように展開していたところでした。

　しかし、タスクチームでの検討で問題に直面します。忙しいという理由で具体化の検討がなかなか進まず、業務運用のイメージの具体化までたどり着かないのです。その企業では、現在まで自分たちが培ってきたやり方でしか業務を進めたことがなく、他社がやっている先行事例や新しいツールも知りませんでした。ですので、概念図やコンセプトだけでは、何をやればいいのか、まったくわからなかったのです。

　しばらく何も進まない状態が続いたので、少しでもタスクチームが時間をかけずに検討できればと、プロジェクトメンバーが動き出

します。皆、ほぼ毎日プロジェクトルームに集まって、自分たちが考える具体化イメージを話しはじめました。ちょっとでも先に進められるようにと、考えられる限りの具体化イメージと実行上の課題のリストをつくり、検討のたたき台を準備したのです。タスクチームのリーダーをプロジェクトルームに集め、具体化イメージのたたき台や実行上の課題を説明し、これをベースにタスクチームで検討してほしいということを何度も繰り返しました。

　ところが、この時、タスクチームでは思わぬ話が広がっていました。その話は、次のような内容です。

「プロジェクトメンバーは、朝から晩までプロジェクトルームにこもって何をやっているんだ。しかも、この忙しい時に俺たちをプロジェクトルームに呼びつけて、『こう決めた』『これを検討しろ』と自分たちで勝手に決めたことを俺たちにやらせようとする。しかも現場を無視した内容ばかり。こんなことはやっても無駄だ。こんなプロジェクトは絶対に失敗するから、かかわらないほうがいい」

　この波紋は、タスクチームのメンバーだけにとどまらず、他の社員にまで波及してしまっていたのです。次第に、タスクメンバーをプロジェクトルームに呼んでも「忙しい」「今手が離せない」と言って来なくなり、社内でも「どうも失敗するらしい」ということがまことしやかに囁かれ出したのです。こうなると、もうプロジェクトは何も進まなくなってしまいます。

プロジェクトルームはいわば密室のようなものなので、せっかくプロジェクトメンバーが有意義な検討をしていても、伝える努力を怠れば、その情報は絶対に外に出ることはありません。プロジェクトを進めるためにやったこととはいえ、外から見れば、密室の中だけで勝手に進められて、指示・命令だけがいきなり飛んでくるように見えてしまいます。

　一方で、プロジェクメンバーは、タスクチームのリーダーを「呼んでも来ない」「話が進まない」というジレンマを解消しようと、躍起になって彼らを行動させようとします。これが悪循環となって、プロジェクト失敗へと向かってしまいました。

　今回は、関連部門の人たちに聞き取りをしたことで、このような状態になっていることに気づくことができ、お互いの誤解を解消しつつ、これまでの経緯を丁寧に伝えることで事なきを得ることができました。

　しかし、往々にして、プロジェクトは閉じた世界で進められ、検討会議も閉じた世界で行なわれるものなので、皆さんは「我が社は違う」と思わず、常に危険をはらんでいるということを再認識し、意識してコミュニケーションをとるようにしてみてください。

3 章

プロジェクト
ディレクションを
成功へ導く
「3本の矢」

1 | 第一の矢：
広さ軸をディレクションする

自ら範囲を絞らず
問題（膿）を出し切る

　これから改革活動をはじめる企業には、何かしらの問題があるものです。人間で言えば身体の不調、病気の兆候とも呼べるものであり、場合によっては、「私は現在この病気にかかっている」と自覚していることもあるでしょう。まったく健康な人に医療が必要ないように、健全な企業であれば改革活動という発想自体が出てこないはずです。

　会社にとっての不調とはいったいどういうものでしょうか。例えば、次のようなものです。

- 仕事のやり方が属人的（つまり、社員個々の力量に委ねられている）で効率が悪い
- 経営判断をするための現場の数値が正しく把握できていない
- 現在導入している情報システムが有効に活用されていない

　このように、表面的に見えている問題だけでもたくさんあります。もちろん今まで、状況が悪化していく様を、手をこまねいて見ているだけではなかったはずです。風邪のひきかけに、薬を飲んでみた

り、早く寝てみたりと対処をするように、問題が発生した時から何度か症状を解消しようと取り組みをしてきたのではないでしょうか。しかし、その対処むなしく状況は悪化の一途をたどっているのです。

　実は、この原因として考えやすいケースがあります。それは、対処の範囲が狭いということです。風邪の対策なのに、咳だけを止めようとしたり、熱だけを下げようとしたり。企業の活動においても同様で、取り上げる問題の範囲が狭すぎることが考えられます。

　例えば、製造全体、販売全体を俯瞰することなく、製造部門や販売部門のように、ある特定の部門の問題に限定しているかもしれません。情報システムの開発においては「どうせ改修を行なうのだから」と、情報システム自体が悪いんだと問題を押しつけたり、すり替えたりしているかもしれません（こういった場合、情報システムをすげ替えれば問題は解決すると盲目的に信じてしまうことが大半です）。

　また、業務の見直しや効率化のための改革活動の場合でも、同様のことが起こりがちです。つまり、**業務に関わる問題だけ取り上げて、それ以外の社員教育の問題、社員の意識の問題、トップマネジメントや評価の問題、職場環境の問題、企業が置かれている立場や事業環境の問題などはおざなりの対処で済まされてしまいがちなのです。**

中堅・中小企業で起きている問題は、想像よりもずっと複雑なものです。何本かの糸をぐちゃぐちゃに握りつぶすと、簡単にほどけなくなるように、解きほぐすことが難しいケースが大半です。

　時には「風が吹けば桶屋が儲かる」「バタフライ・エフェクト（蝶がはばたく程度の小さな風の撹乱が、遠くの場所で強風になる現象）」のような、一見、因果関係がわからないほど離れてしまっている場合もあります。そうなると、問題を解決しようという気力が萎え、問題そのものを解決できないものだと結論づけてしまいかねません。

　改革活動では、ここで視点を大きく変えていく必要があります。**企業が改革活動に求めているのは、問題の細部を細かく解決することではありません**。大事なのは、真の原因、つまり直接的な原因を解決するような「パッチ当て」や「つぎはぎ」をすることではなく、**もっと俯瞰の視点から、広く企業の仕組みや構造を根本的に変えること**なのです。

　プロジェクトディレクションでは、このことを**「広さ軸のディレクション」**として、最も大事な３つの要素のひとつに位置づけています。

　改革活動における俯瞰の目とは、鷲やコンドルなどの猛禽類が、上空の高いところからくまなく地上の獲物を探す目に似ています。猛禽類は、最初は低空を飛ばず、高い視点で地上を広く見渡し、獲物がいる場所を見極めることを第一にしています。改革活動でも同様で、まず全社的な視点で、人間ドックで健康診断をするかのよう

に全身くまなく見渡すことが大事なのです。

　とはいっても、このようにお答えいただくケースも少なくありません。

「全社的に見て、問題があることは何となくわかっているんです。でも、どこにどのような問題があって、どうしてそうなってしまったのか……。ここがはっきりとわからないので困っているんですよ」

　ごもっともなお声です。直接的な原因がわかっていて、さくさくと解決できる問題は、これまですでに解決してきているでしょう。それでも、問題は起きているので、パニックになってしまうのです。

　当然のことですが、どの企業においても、最初から問題が起きていたわけではありません。また、働いている人たちも、意図的に問題を引き起こしてやろうと思って仕事をしているわけではないはずです。

　問題の発生原因は、企業を取り巻く競合会社や関係会社、顧客などの外部環境、会社内部の人の不安や不満、組織のありよう、仕事のやり方、生産現場や情報システムなどのインフラ環境が、時間をかけて変わっていった結果、顕在化してくるものです。

　顕在化するだけならばともかく、先ほどのぐちゃぐちゃに絡み合った糸のように、自分たちのできる範囲で解決しようにも、どうにも手がつけられない状態になってしまったというのが、おおむね共通の真相です。

そのような状況の中で、有効な解決策を打つためには、まず**問題が発生するメカニズムに着目し、複雑に絡み合った複数の要因を解明するところからはじめなくてはいけません**。それには、企業で起きている問題や、働いている人たちが問題だと感じていることを洗い出し、問題発生のメカニズムを解明するために有用な情報を集めることができるかどうかが重要になってきます。「敵を知り己を知れば百戦殆うからず」と言いますが、その「知る」というところを徹底して行なうわけです。

　そこで、重要なのが「広さ軸のディレクション」です。発生メカニズムを解明するために有用な情報を集めるためのポイントは、**対象とする問題の範囲を絞らないこと**に尽きます。そのほかにも、枝葉となるいくつかの注意点がありますので、ここで一つひとつ解説します。

【注意点１】余さず聞き取る

　情報システムの開発だからといって、情報システムに関わる問題だけを聞くのではないのです。情報システムに関わる業務上の問題、情報システムにかかわらないコミュニケーションや教育の問題、社長や部門長に起因する問題も、広く余さず聞き取っていくことが大事なのです。

【注意点２】根幹の問題を優先する

　範囲を絞らないからといって、むやみに問題を集めすぎるというのも考えもの。一旦、問題のリストにあがってしまえば、どんな些

末な問題であっても、解決するまでは問題のリストに「未解決」と
して残ってしまいます。木を見て森を見ずということにならないよ
うに、根幹に迫る問題を優先的にピックアップしようという意識が
大事です。

【注意点３】 主客視点で精度を高める

　問題発生のメカニズムを解き明かすためには、一つひとつの情報
の精度を高めなければなりません。日本の企業は、まだまだ人が企
業の間を流動しているわけではありませんので、どうしても自分の
会社を客観的に見ることができません。それが原因となり、本当は
重大な問題なのに、誰も問題だと認識していなかったり、実は他社
と差別化できる大切なことを問題だと思っていたりします。

　そこで、本当に重要な情報をピックアップする精度を高めるため
のポイントがあります。それは、**主観と客観を取り入れる**こと。あ
る部門にヒアリングをする時に、自分たちの部門の問題だけでなく、
自分たちから見た他部門の問題も聞いてみてください。さらに、会
社や部門のことをよく知っているベテラン社員だけでなく、入社し
て数年以内の社員からも問題を聞いてみましょう。

　偏った見方をしないためにも、主観と客観を意識的に取り入れて
ください。

【注意点４】 目に見えるかたちで検証する

　最後に、絡み合った複数の要因の関係を明らかにしていきます。
ここでのポイントは、問題発生のメカニズムを解き明かし、目に見

えるかたちにして検証をすることです。ヒアリングをして得られる情報は、全体の中の一部です。ヒアリングに対応してくれた人たちは、限られた時間の中で、その時に思いついたことや日頃から問題だと思っていることだけを話しているにすぎません。ですので、プレーンな状態のヒアリング情報から、問題を編集していく必要があるのです。

　範囲を絞らず問題を出し切ってもらった上で、それぞれの人たちから聞いた話の内容や集めた情報を重ね合わせて、仕事の流れや問題と要因をつなげていきます。

- どうしてこの問題が起きてしまったのか
- 問題が起きるに至った時間的な変化や組織関係など、どんな構造的変化があったのか
- 関係する部門の人たちがやっている仕事のやり方が、どうして問題を引き起こしてしまうのか
- 要因同士の因果関係はないのか

　このように、一つひとつ紐解き、つなげていく作業をしていきます。そうすると、情報の濃さや分量など過不足の状態が見えてきます。ヒアリングをしたり、調査したりして集めた情報だけでは足りなかったり、集めた情報をつなげると部門によって言っていることが違っていてつながらないことが出てくるのです。

　ですので、次の段階として、**編集結果（仕事の流れや問題と要因のつながりを目に見えるかたちで資料にまとめたもの）を見せなが**

ら、改めて確認をしたり、情報を集めたりして問題と要因のつなが
りを解明していくことが必要なのです。

施策はひとつの方向に向け、
方向は１枚にまとめる

　室町時代初期に活躍した能楽師（猿楽師）であり『風姿花伝』の
著者としても知られる世阿弥は、**「序破急」**という構成の概念を表わ
す言葉を残しています。簡潔に言うと、**「序」は無拍子でしかもス
ローな音楽と共に展開され、これから起こる何かを予感させます。
「破」からは拍子が加わり、次第に予感めいたものの正体がわかって
きます。そして「急」で加速し、クライマックスとして結末に向け
てのアクションに入ります。**これをプロジェクトディレクションに
転用すると、次のように考えることができます。

　　序：「範囲を絞らず問題を抽出する」→問題のはじまりと問題意識
　　　　の芽生え
　　破：「問題発生のメカニズムを目に見えるかたちで資料にまとめ
　　　　る」→問題を改善するための第一次行動と周囲の引き込み
　　急：「発生メカニズムを解明できたら、改革活動として取り組む解
　　　　決策を検討する」→実現のための施策と本格的行動

　改革活動において、この序破急（別の言い方をすると、ホップ・
ステップ・ジャンプとも言えるかもしれません）を基に、問題の要

因さえわかれば、解決策を検討するのは簡単なことなのです。先の、自ら範囲を絞らず膿を出し切るというのは、いわば「序」の段階。ホップ・ステップ・ジャンプでは、ホップの部分です。

　改革活動で結果を出すためには、ここからさらに次のフェーズに向かう必要がありますが、ここで鉄則とも言える重要なポイントがあります。

　それは、**「一つひとつの解決策が、最終的にひとつの方向に向かっていること」**です。

　ひとつの方向とは、「これから会社がどのように変わっていくのか」という向かいたい将来の方向です。社員全員が意識して動いていってほしい、明確な指針です。

　取り組み施策ごとに目指すべき方向がバラバラになってしまうと、すべての施策が実現できても社員の総力を結集できません。たとえるなら、日本全国の強者が集う綱引選手権大会で、各チームの力の差がほとんどない中、優勝するチームになれるかどうかの差と同じです。優勝するチームと勝てないチームの違いは、8人の選手が呼吸を合わせて、すべての選手の力がひとつの方向に結集できたかどうかの違いで、各々の選手の微妙な力のズレがあると勝てないわけです。

　中堅・中小企業で、全社を対象にした改革活動を行なう場合によくやることとして、取り組み施策を分野に分けてチームをつくり、各々のチームで取り組み施策をどのように進めるか決めてもらいな

がら活動を進めることです。

　プロジェクト体制をつくる上で、チームに分け、責任を持って活動をしてもらうことは、効率よく改革活動を進める上で非常に有効になり得るでしょう。しかし、その一方で、検討が進み、検討内容が具体的になるにつれて、弊害も出てきてしまいます。それぞれのチームが、**自分たちが任されている取り組み施策のことだけしか見えなくなってしまう**のです。

　ここで改革活動を、単なるバラバラな活動の集まりにしないようにするためにも、向かうべきひとつの方向を示しておく必要があります。

　取り組み施策がひとつの方向——向かいたい将来に向かっていさえすれば、必ず結果を得ることができます。そのためには、社員全員に向かいたい方向を意識して行動してもらわなければなりません。

　しかし、経営者の皆様には少々厳しい現実になりますが、はっきり申し上げると、**会社で働く社員のほとんどは、会社の向かいたい将来なんて意識していません。**目の前の与えられた作業を日々やり切ることだけに精一杯で、社長の頭の中にある理想像や、事業部の責任者が考えている事業の将来のことなんて、ほとんど興味がないはずです。年始や期初に発表される会社方針や事業方針にしても、聞いている時には「そういうことを考えているんだな」と思っていても、いざパソコンを立ち上げた瞬間には忘れてしまい、何ヶ月も経てば、そんな話を聞いたことすらも記憶のかなたへ……という具合でしょう。

経営者の立場からすると、「興味がないならば、方向性など示さなくてもいいではないか」と思われるかもしれません。しかし、改革活動で結果を得るためには、社員全員が向かいたい方向を常に意識をして行動してもらわなければ、会社という船は大海原の真ん中で身動きできなくなり、たどり着く陸を探せなくなり、次第に幽霊船へと変わっていってしまうのです。

　向かうべき方向を示していくポイントはいくつかあります。

【シンプルな言葉を使う】

　ビジネスだからといって、やたらと横文字を使いたがったり、改革という雰囲気にのまれて小難しい言葉を使ったりするケースを見かけますが、これはNGです。シンプルな言葉だけを使って、向かいたい将来の方向を伝えるようにしてください。

【方向性はペラ1枚にまとめる】

　人は多くの情報を一度に処理しにくく、人が見て理解できる範囲は、資料1枚分です。資料1枚に描くことができる内容しか頭の中には入りません。ですので、まずはシンプルに、ペラ1枚（ペライチ）にまとめる程度まで情報量を落とし込み、描くことです。

　何枚にも書かないと説明できないような方向は、海の上で船長が「とりあえず太陽のほうへ向かえ」と言っているようなもので、精度の高い方向性だとは言えないということです。

【いつでも資料を見られるように】

「エビングハウスの忘却曲線」では、1度覚えたものは1時間後には56％忘れ、1日後には74％忘れると言われています。逆に、1日ごとに復習すれば、1日目は26％しか覚えていなかったものが、2日目には50％を超え、3日目には75％を超えるそうです。

　つまり、何度も何度も繰り返して見ることで、ようやく社員の意識の中に会社が向かいたい方向を意識づけすることができるということです。ですので、社員が忘れそうな時、探さなくてもすぐに取り出して見ることができる場所に、1枚ものの資料を置いておきましょう。

【「～～らしさ」や「～～ならでは」を使う】

　社員全員が向かいたい方向は、そこに働く社員だからこそ納得できる内容でなければなりません。社員が納得できる内容にするためのポイントは、中堅・中小企業に備わっている「～～らしさ」や「～～ならでは」を盛り込むことです。

「～～らしさ」や「～～ならでは」は、その企業の存在価値であり、その企業に働く人たちのプライドや誇りであるはずです。残念ながら、今は、標準化や形式化が当たり前のように謳われ、企業の個性が失われて画一化しがちです。しかし、中堅・中小企業は**中堅・中小企業ならではの「この会社はこうだからいい」というものがあるはず**。その"ならでは"を活かした向かいたい方向をつくることが必要です。

【いつでも描き換え可能にする】

　資料はわからなければ意味がありません。わかった上で、腹に落ちて納得できなければなりません。一旦、資料はつくったものの、理解しにくい内容であれば、修正や変更を加えなければなりません。修正や変更というと、「ゴールがブレるのではないか」と思われるかもしれませんが、**本質さえ変えなければ、何度でも描き換えてよい**のです。

　そして、同じ資料であっても、"わかる"という感覚は企業によって違います。ある企業にわかる資料でも、他の企業が見たらまったく理解できない資料もあるのです。企業は企業の言葉で描くことが必要です。**わからなければ、わかるまで描き換えることが必要**なのです。

取り組む範囲を
勝手に限定しない

　ひとつの向かいたい方向を示し、その方向に向かって取り組み施策を具体的に実行する。その時に気をつけることは、取り組む範囲を限定しないことです。

　しかし、**中堅・中小企業には取り組み施策が「できない」という制約がたくさんあります**。例えばこのような制約です。

【物理的制約】
・施策に割ける人員がいない

- 施策にあてる時間がない
- 早く実現しなければならない
- 施策のための予算がない

【精神的制約】
- そもそもやりたくない
- 今の状態から変えるのが不安
- 変えるだけの自信がない

　こうした制約があると、社内のメンバーたちは取り組もうとしません。

　例えば「業務の見直しと人事評価や社内教育の見直しの取り組み施策を実行するよう、経営者から言われた。しかし、人事評価や社内教育の見直しはそんなに簡単に変えられない。それならば、できる範囲として、業務の見直しだけやればいい」というように、実行する取り組み施策を選んでしまうのです。

　これまで改革活動を経験し、結果が出なかった企業を見まわすと、ほとんどの場合、**最初から改革活動で取り上げる問題の範囲を絞っているか、それとも、すべての問題を取り上げたにもかかわらず、一部の取り組み施策だけしか取り組んでいないか、このどちらかに帰着しています。**

　ここでこれまでの話と矛盾が出ていることにお気づきでしょうか。そもそも中堅・中小企業の問題は、複数の要因が複雑に絡み合って

いますから、問題と要因のつながりや仕事全体の流れを解明しながら取り組み施策を設定したはずです。**それらの取り組み施策は、すべてやらなければ、企業の仕組みや構造を根本的に変えることはできず、問題のない状態にすることはできません**。選んで実行しても、関連する要因が残っていれば結果は出ないはずです。なのに、制約を自らつくり、施策の範囲を狭めてしまう。これでは改革プロジェクトの成功など望めるはずはありません。

　人がいない、時間がないなどの物理的制約があるのであれば、実行する取り組み施策を選ぶのではなく、取り組み施策を段階的に実現すればいいだけです。一度にやろうとするからパニックになってしまうのです。**取り組み施策を段階的に実現するためのポイントは、施策実現のためのシナリオをつくることです。**

　もっともシナリオをつくる前に、**施策には順番がある**ことを理解しておかなくてはいけません。ここで言う順番とは、ある施策をやらなければ次の施策ができないというような、段階的な順序のことです。
　例えば、経営のための数値を把握して指標管理をする施策を行なうとしましょう。その際、最も先にやるべきことは何でしょうか？

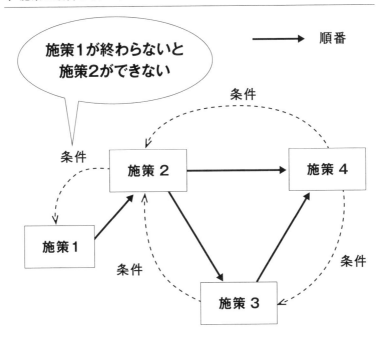

「指標に必要な数値を集める」と答えがちですが、違います。数値を捉え集めるためのインフラ整備の施策を先に行なう必要があるのです。指標管理をしようとしても、管理をするための数値がなければ意味がありません。まず、インフラ整備を行ない、その後に指標に必要な数値を集めて処理し、ようやく指標として提示することができるのです。

　人がいて、検討や実現に時間を割くことができるのであれば、いくつかの施策を同時に進行させることができます。しかし、もし制約があるのであれば、施策の順番を考えながら、実現のためのシナ

リオをつくる必要があります。

　改革活動の施策を実現するには、どうしても時間がかかります。時間をかけて施策を実現する上で考慮すべきポイントは、**どんな小さなことでもいいので、すぐにやれるミニフラッグをできるだけ早く実現すること**です。わかりやすく言うと、学校のテストで、すぐに解ける問題を先に解いてしまい、難題にかける時間をしっかり確保することと似ています。

　施策が難しければ難しいほど、解決しなければならない課題もたくさんあって、気力も労力も使います。人は、期待することがいつまで経っても実現しなければ、どうしても気持ちが萎えてしまいます。施策をすべて実現するには気力も労力も持続させなければなりません。そのためには、すぐにやれることを実現させて、気持ちが萎えないようにするしかけも必要なのです。

　さて、取り組み施策を実現する段階では、社員個々の作業や行動を決めるほか、作業のツールや情報システムを準備しはじめます。この段階になると、改革活動がだんだんと現場での作業レベルに近づいていきます。

　改革活動が現場の作業レベルに近くなると、改革活動に関わる人たちは目の前にある自分たちの仕事のことしか見えなくなってしまうことがあります。**改革活動で結果を得るためには、取り組み施策を実現する段階になったとしても、常に向かいたい将来というひとつの方向に向かっていくことが重要**になってきます。

中堅・中小企業では、たとえ管理職やベテラン社員であっても、現場の作業や実務を兼務していることが多く、ほとんどの人が現場に近い存在と言えるのではないでしょうか。

　取り組み施策の実現が具体的になればなるほど、実現を阻む「できない」という要因も増えていき、**管理職やベテラン社員であっても、すべての取り組み施策を俯瞰することができなくなりがち**です。

　改革活動に関わるすべての人たちが、その「できない」という要因の解決に時間と力を注ぐようになるので、局所的にしかものが見れなくなってしまうのです。その結果、「向かいたい将来の方向」が忘れ去られてしまう危険性が高まってきます。そうなってしまっては、とても改革活動の結果なんて望めません。

　すべての取り組み施策を俯瞰するためのポイントは、**巨視と微視を常に意識する**ことです。巨視と微視というのは一体どういうものか。

　活動の初期の段階では、今起きている問題を抽出して、解決策を決めました。一つひとつの解決策は、向かいたい将来の方向というひとつの方向に向かうように設定しました。次に、その解決策を具体的な作業や行動、情報システムというかたちにしていくために、取り組み施策として取り組んでいきました。活動が進むにつれて、徐々に活動の対象は小さくなっていくこともわかっていくはずです。ここまでが巨視です。

　改革活動が終わった時に、問題なく新しい業務を実行するために

は、決めた作業に欠陥や不備があってはなりません。情報システムに障害やバグがあってはなりません。最新の注意を払い、緻密につくり上げなければ、業務に支障をきたすことになります。そうならないためには、一つひとつを確実に完成させていく微視の目を持たなければなりません。

　しかし、単に巨視から微視の視点に向かうだけですべてがうまくいくわけではありません。取り組み施策を具体化して決めた作業や行動が、正しく「向かいたい将来の方向」に向かっているかを定期的に巨視で確認をする必要があるのです。それを確認するためには、一旦、微視の目から離れなければなりません。

　向かいたい将来のイメージが、実際に自分たちが行なう作業や行動に落とし込まれていくと、頭の中で、今の自分が作業をしている将来の自分に重なりはじめます。

　すると目の前の検討だけにのめり込んでいってしまうのです。**常に「いつでもそこから離れて、俯瞰の目で見る準備をしておく」という強い意思を持ち、**本当に「向かいたい将来の方向」と合っているのか、他の取り組み施策とちゃんとつながっているのか、**巨視の目で、作業や行動、開発しているツールや情報システムを検証する、マクロの視点とミクロの視点を自在に行き来できる柔軟さは、不可欠**のものと言えるでしょう。

　なお、巨視の目で検証するためのポイントは、**一つひとつの確認に目的意識を持っておくこと**です。「この作業は、向かいたい方向を

実現するためになっているのか」「この情報システムを使えば、向かいたい方向を実現できるのか」と意識して確認をすることです。

改革活動が進むにつれて、改革活動の裾野はどんどんと広がっていきます。そうなると、一度にすべてを見渡して、活動の全容を捉えることが難しくもなってきます。

ただ、解決策を検討し、取り組み施策を決める段階では、向かいたい方向に合わせて設定してきたわけで、それを具体的な作業や行動、情報システムに落とすのですから、基本的に大きな方向は間違っていないはずです。

だから、たとえ裾野が広がり、一度に全容が捉えられなくなったとしても、大きな問題にはなりません。あとは、一つひとつ、決めた作業や行動、つくり上げている情報システムの画面や処理機能が、「向かいたい将来の方向」に向かっているのかを、地道に確認すればよいのです。そうすることで、取り組み施策はひとつの方向にまとまっていきます。

取り組み施策を確実にひとつの方向にまとめていくためのポイントは、プロジェクトディレクターを置くことです。プロジェクトディレクターは、**巨視と微視、つまりマクロとミクロを交互に見る「目」の役割を持つ人物**です。

改革活動の最初から最後まで、向かいたい将来の方向を設定し、活動に関わるすべての内容をひとつの方向に向かって整合させ、結果を導き出す役割と責任を持つ人物。その役割は、改革活動の計画と実行に責任を持つ管理責任者としてのプロジェクトマネージャー

とは別の役割だと言えるでしょう。

　中堅・中小企業の改革活動では、取り組む範囲を限定しません。結果を出すために必要な施策はすべて取り組みます。そうなると、どうしても取り組み施策の数は増えていきます。設定した取り組み施策が「向かいたい将来の方向」に合っているか。合っていない場合には、どの施策をどちらの方向に軌道修正すればいいのか。**プロジェクトディレクターは、常に状況を把握し、迅速に整合性を取るために必要な人材なのです。**

　そして、「向かいたい将来の方向」に合わせて、作業や行動を決め、情報システムやツールを開発できるように、活動メンバーの納得感を醸成するとともに、活動メンバー自らが行動できるようにしていく役割も果たしていくのです。

2 | 第二の矢：
時間軸をディレクションする

フェーズをつくり、
段階的にクリアしていく

　前項の「広さのディレクション」に続き、本項でお伝えするのは**「時間のディレクション」**です。

　改革活動で解消したい問題は、企業にとって容易に取り組める問題ではないはずです。簡単に解決できるのであれば改革だなどと標榜する必要はありません。これまで企業にとって解消しようにも解消できなかった根が深い問題だからこそ、改革というものが必要なのです。

　人間の身体でいえば、ちょっとした擦り傷、切り傷や、鼻風邪、胃腸が弱っている程度であれば、「すみやかに治す」という程度で日常生活そのものを変えるまでは考えませんが、長期にわたって療養が必要な場合などは、日常生活そのものからガラリと変えていく必要があります。食習慣、睡眠サイクル、運動、仕事の配分など、今までとは違う自分になることで、病気と向き合っていくわけです。改革活動とはこういうものだとイメージするとわかりやすいでしょう。

　さて、問題を解消するためには、複数の部門と調整したり、もの

◆ 解決策が統合されていく

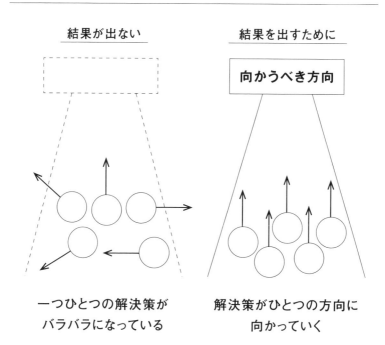

結果が出ない

結果を出すために

向かうべき方向

一つひとつの解決策が
バラバラになっている

解決策がひとつの方向に
向かっていく

のつくり方や製品の設計を見直す、社員の気持ちを変えていくなど、
多くの課題を解決しなければなりません。当然、解決に至るまでの
時間が必要です。

　また、改革活動で結果を出すためには、**一つひとつの解決策が、
最終的に統合されていくべきひとつの方向に向かっている**ことが必
要です。向かうべき将来の方向を全員が意識して、総力を結集する
必要があります。つまり、「これから皆で富士山の頂上へ向かうぞ」
という目標を掲げ、「あなたたちはチーム全員の装備品をチェック
してほしい」「あなたたちはどのルートをたどるか検討してほしい」

など、「富士山の頂上」という共通する目的に対して役割を分担していき、皆の協力が合致して初めて無事に登頂を果たすことができるのと同じです。

　もし、これが「頂上へ向かう」というアバウトな目標だと、あるチームは駒ヶ岳を目指すかもしれませんし、あるチームは上高地のプランを立てるかもしれません。つまり、各チームのやっていることがバラバラになり、噛み合わなくなってしまうわけです。

　特に、前項でお伝えしている通り、中堅・中小企業は取り組む範囲を限定せずに改革活動を実施しないといけません。広い範囲が描かれた全体感と、社員が関わる狭い範囲の作業や行動、情報システムとのギャップが大きくなってしまうと、ゴールとなる方向がきれいさっぱり忘れ去られ、新しい作業や行動、情報システムの検討をはじめてしまいかねません。

　結果、向かいたい将来の方向性という全体感と、目の前の新しい作業や行動、情報システムが断絶してしまいます。

　もっと悪い状況は、向かいたい将来の方向性や、その先にあるありたい姿を描くことなく、いきなり作業や行動、情報システムなどの手のつけやすいことから検討しはじめてしまうこと。これは、改革活動の経験が少ない中堅・中小企業によく見られる状況です。

　こうなってしまうと、たとえ、改革活動が順調に進んで、作業や行動、情報システムが完成し、無事に活動が終了したとしても、**できあがった姿は単なる部分改良の寄せ集めになっているにすぎませ**

ん。横串がない状況ですので、抜本的な問題は何ひとつ解決しておらず、改革活動は成功したように見えても、改革そのものには失敗しており、結果が出ることはありません。

　たとえるなら、キャンバスに人の顔を描く時に、顔の輪郭を描くことをせず、いきなり目や口などの細部から描きはじめると顔全体がキャンバスに収まらなくなったり、キャンバスに収まったとしても頭の大きさや顔の輪郭が不自然になって、顔全体のバランスが悪くなったりしてしまうのと同じです。

　また、「ゲシュタルト崩壊」という心理学の概念をご存じでしょうか。ゲシュタルト崩壊とは、細かい部分を寄せ集めた全体像を見続けると、全体のまとまり感やバランスは失われて、部分だけしか見えなくなってしまうことを言います。つまり、改革活動で言えば、細かい作業や情報システムの議論を先に取りかかってしまうと、たとえその後に全体像を描いたとしても、細かい部分しか見えなくなって、全体像を捉えることができなくなってしまうのです。

　向かいたい方向を意識して、社員全員の総力を結集するためのポイントは、いきなり細部に入り込まないことです。つまり、改革の順序をきちんと守るということにほかなりません。

　なぜ、いきなり細部から入り込んでしまいがちなのか。これには理由があります。中堅・中小企業の改革活動のメンバーは、現場や各部門の仕事のことをよく知っている人たちが選ばれます。そのた

め、全体を議論するよりも、自分たちがやっている作業や情報システムを議論するほうが、何か活動が先に進んでいる充実感や、何かが決まっていく達成感を得ることができるからです。

　改革活動では、すべての取り組み施策や行動の整合を取り続けていかなければなりません。そのためには、向かいたい将来の方向という**「全体感」から逆算し、フェーズを区切りながら、段階を踏んで細部の議論に入っていく必要**があります。

　多くのコンサルティング会社やシステム開発会社でも、改革活動や情報システムの開発や導入には検討のフェーズを設定されており、フェーズで区切ることは今や当たり前の考え方になっています。

　ここでのポイントは、**改革活動に関わるすべての人が、この「フェーズで区切る」という考え方（概念）を理解しておく**ことです。どの段階で、何を議論し、どこまでのことを決めるのかをしっかりと把握しておけば、「今、何をするべきなのか」というプロセスと考え方を共有しやすいのです。

　改革活動の初期の段階で、全体を俯瞰できる全体像の議論をはじめると、すぐに細部に関するコメントを言い出す人がいます。

「具体的にどうやって現場の無駄な作業をなくすのかがわからない」というようなスピード感のない漠然としたコメントや、全体の議論をしているのに「それを実現するには、情報システムのこの機能はどのような処理になるのか」というような細部に入り込んだコメントです。

もちろん改革活動に対する期待や興味があるからこその発言なのですが、そこの議論をして結論を出さなければ満足感は得られないというのは、やっかいなものです。

　改革活動に関わる人たちの期待や興味、スピード感は同じではありません。スピード感や議論の大きさを揃えておかなければ、どこかに不満が残ります。その不満は、この先「あれが決まっていない」「あんなことをやってもしょうがない」「うまくいくわけがない」というように、反対勢力になる可能性もあります。そうならないように、フェーズをつくり、フェーズごとに議論するレベル、つまり、「何を議論して、どこまでのことを決めるのか」を、全員が理解をしておかなければならないのです。

結果を定義し、結果までのプロセスを改革活動と位置づける

　さて、改革活動の結果が出たかどうかを判断するためには、どんなファクターが必要なのでしょうか。

- 改革活動の初期段階で決めた「将来の方向」に向かうことができているのか
- ありたい姿を実現できたのか
- ありたい姿を実現し、結果が出たのか

この3つを確認するためには、**あらかじめ改革活動の結果とは何なのかを定義しておく必要があります**。人手をかけ、時間をかけ、お金をかけて改革活動をやったのだから、結果が出なければ、意味がありません。意味がないどころか、時間のない中で、長い時間をかけて検討を続けてきた社員の労力がすべて無駄になってしまいますので、むしろ社員のモチベーションとしてはマイナスの影響を及ぼすかもしれません。

　では、ここで言う**結果とは何でしょうか**。「結果」を明確に言える企業がどれだけあるでしょうか。少し考えてみてください。

　A：情報システムの開発が終わり、要件通りの情報システムができあがって使われている。これが改革活動の結果である

　B：ありたい姿を実現するために検討してつくり上げた作業や手順、組織の役割や責任、権限などの決め事を実行している。これが改革活動の結果である

　C：ユーザーの要求に柔軟に対応できる生産ラインが完成して運用している。これが改革活動の結果である

　さて、このA〜Cのどれが結果として適切なものでしょうか。

　正解は、「いずれも結果ではない」です。

ひっかけ問題のようになってしまいましたが、**多くの企業では、情報システムや決め事、生産ラインのように、できあがったものを使い、「実行する」ことが結果だと思っています。**そして、実行できなければ失敗と評価され、実行されれば成功と評価されます。本当に、**「実行する」ことが求めていた結果なのでしょうか。**

　情報システムや新しい決め事、新規の生産ラインを使って実行できた企業、すなわち改革活動が成功したと評価された企業であっても、ほとんどの企業で、改革活動の初期の段階で決めた「向かいたい方向」に向かっていると思えなくて、ありたい姿になっていないことが往々にしてあります。
　新しくできあがったものを実行したり、運用したりしても、変わったのは表面的なことだけで、企業の深層は変わっていないのです。「我々の改革活動で定義した結果は定着することだ」と言われる企業もあるでしょう。しかし結果的に、定着することとは、すなわち実行することになってしまっているはずです。そして、**実行にまでこぎ着けて改革活動には成功したけれど、なぜか前の状態とさほど変わらず、改革に失敗している企業がたくさんあるのです。**

　中堅・中小企業の改革活動で散見されるのは、改革活動の結果を明確に定義せずにはじめてしまい、「改革活動をやった結果、たどり着いた場所が思いもよらないところだった、もしくは、たどり着きもしなかった」と評価していることです。つまり、強引な言い方をすれば、改革活動の結果は、計画したものとは違う偶然の産物であ

ったということになります。

　極端なことを言うと、登山をしようと出発し、確かに目標の山頂にはたどり着いたけれども、違う山の山頂だったなんてことも往々にしてあるわけです。

　改革活動では、結果の定義が重要です。つまり、どの山の山頂を目指すかを明確に定義しなくてはいけません。結果を間違えれば、改革活動を間違えた結果に導いてしまい、改革活動には成功したけれど、改革に失敗してしまうことになるのです。

　そうならないためのポイントのひとつは、企業が求める改革活動の結果として、次のような自問自答をし、**「状態」を定義すること**です。

　①情報システムが使われて、どのような状態になることが改革活
　　動の結果なのか

　②新しくつくり上げた作業や手順、組織の役割や責任、権限など
　　の決め事を実行した後、どのような状態になることが改革活動
　　の結果なのか

　③新しい生産ラインが完成して運用した後、どのような状態にな
　　ることが改革活動の結果なのか

ここで導き出された答えを、改革活動の結果として定義するのです。結果として思い描かれた姿は、「いい会社にしたい」という社員全員の想いがかたちになって実現した姿です。繰り返しますが、中堅・中小企業の活動では、活動が進み、関係する人が増えてくると、最初に改革活動の結果として定義した状態を忘れて、新しいツールや情報システム、生産ラインをつくり上げることが結果だと思いはじめてしまいます。

　そうならないためにも、改革活動に関わる人たちが、情報システムや決め事、生産ラインのように、できあがったものを使い、**実行しはじめた時がゴールではなくて、求める状態という結果に向かう改革活動の再スタートなんだと常に意識し、共有できるようにする**ことが必要です。

　例えば、がんを患って摘出手術を受けたとします。手術は成功し、無事に退院を迎えることもできました。明日からは会社復帰、また健康な日常を楽しむことができます。さて、この段階はこの患者さんにとって、結果となり得るでしょうか?

　答えは、否です。ここから再発をしないよう、毎日の健康にさらに気をつけていくための、再スタート地点だと考えるべきでしょう。

　ところが、改革活動においては、情報システムや決め事、生産ラインのように、**できあがったものを使い、実行するまでが改革活動であって、その先の、求める状態にしていくのは、改革活動ではなくて、部門の日常業務だと考える企業が少なくありません。**

確かに、一般論としては、間違いではありません。改革活動をプロジェクトで行なう企業は多く、通常の組織体制では対処できない要求に応えるための手段としてプロジェクトを立ち上げています。改革活動の場合、情報システムや決め事などをつくり上げることは、通常の組織体制ではできませんので、独自にプロジェクトを立ち上げて行なう必要があります。

　一方、実行しはじめて以降、「求める状態」にしていく作業はその部門の日常業務とも見られ、通常の組織体制でもできることになります。つまり、もうプロジェクトである必要はないと考えられ、プロジェクトの終わりが改革活動の終わりだと考えても何ら不思議ではありません。

　しかし、改革活動の結果として状態を定義したならば、「求める状態になりきる」までが改革活動です。実行しはじめた時を改革活動の完了にしてはいけません。

　たとえ実行しはじめたとしても、結果が出なければ、求める状態にならなければ軌道修正をしなければならないし、一旦つくり上げた情報システムや決め事、生産ラインを根本から見直さなければならないことが出てくるかもしれません。そうなった時に、通常の組織体制では対処できなくなり、暗礁に乗り上げてしまいます。

　実行しはじめてからも、求める状態という結果を出すまでにさまざまな課題があって、その課題を解決し続けなればならないのです。

　このように多くの企業は、実行するまでを改革活動と位置づけが

ちです。それ以降は、改革活動ではなく、あくまで部門の活動とし
て責任を持たせてやらせようとします。改革活動で求める状態とい
う結果を得るには、**改革活動を途中で終わらせることなく、結果が
出るまで継続すること**です。そのためにプロジェクトを継続するか、
それとも、新たなプロジェクトで再スタートするか、それはどちら
でも構いません。結果が出るまで改革活動を続けることが大切なの
です。

　もうひとつ、改革活動を続ける上で考慮すべき大事な時間軸のポ
イントは、**「間を空けない」**ということです。改革活動はフェーズを
切って行なわれることが常識になっています。このフェーズとフェ
ーズの間を空けずに、連続して改革活動を続けるべきなのです。
　社員全員で想いを共有し、参加しているという意識を醸成し続け
ることが結果につながってきます。フェーズとフェーズの間が空く
ということは、改革活動が中断している時間が何度もあるというこ
と。そうなると、**せっかく温まった社員全員の想いや熱が冷めてし
まうのです。**

「間を空けないことなんて当たり前だ」と思われるかもしれません。
でも、実はそれができていない企業のほうが多いのです。
　例えば、ひとつのフェーズが終わると、経営トップや関連部門に
報告をし、内容を評価してもらって、次のフェーズに移っていいか
どうか審議をします。報告するためには、内容の検討が終わってい
なければならないし、資料ができていなければなりません。経営ト

ップや関連部門に報告する日程の調整も必要で、経営トップの空い
ている時間を確保するのも一苦労します。

　もし、フェーズが終わってから資料をまとめ、報告する日程を調
整していたら、それだけですぐに1ヶ月程度は経ってしまいます。
もし、情報システムの開発や導入があれば、費用の調整をして稟議
のための資料を準備し、稟議を通して契約をするための期間が必要
です。少なくとも1ヶ月、場合によっては何ヶ月も次のフェーズが
遅れることになります。その期間は、改革活動が中断している期間
になるのです。

　**フェーズとフェーズの間を空けずに、連続して改革活動を続ける
のは、現実的には非常に難しいのです。しかし、最小限に抑えなけ
ればなりません。**フェーズが終わる1ヶ月ほど前から資料の準備を
し、経営トップの日程を確保しておけば、フェーズが終わった後に
すぐに報告をすることができます。情報システムの開発や導入があ
る場合でも、経営トップや関連部門の承諾をあらかじめ取りつけて
おけば、何ヶ月も遅れることはありません。

「できない」を「やるためには」に
切り替える

　改革活動の結果として、企業が求める状態を実現するためには、
状態という結果にこだわり続けることが必要です。
　新しいツールや情報システム、生産ラインをつくり上げることで

はなく、それらのできあがったものを使って実行することでもありません。実行した先にある「いい会社にしたい」という社員全員の想いがかたちになって実現した姿に、徹頭徹尾こだわり続けることです。

　そして、**企業が求める状態は、感情を持った生身の人間と向き合いながら、時間をかけてつくり上げていく結果**です。

- 成果物としての特徴や機能を明確に規定する
- 成果物を検収するための特徴や機能の検収基準を明確に設定する
- 検収基準を満たす成果物をつくり上げる

　これらを達成するには、改革活動の最初から結果が出るまで、途中で止まらずに続けなければ、参加者のエネルギーを持続させられません。一度立ち止まってしまうと、次の一歩を踏み出すのが大変なのです（まるで連休明けの出社日のようにです）。

　しかし、このように走り続ける中でも、壁にぶつかる局面は多々出てくるものです。そこで肝心なのは、**変化を恐れないこと**。そのためには、**ひとつの考え方や方法に固執するのではなく、「変える」ということを受け入れるように、全員の心の持ちようを持っていく**必要があります。

　もっとも、変化には不安や恐怖がつきまとうもの。改革活動を結果が出るまでやり切るためのポイントは、まず**「変える」ことが一番難しいことなのだと認識すること**です。改革活動は、変えなけれ

ば何もはじまりません。変えなければ、それまでの活動はただ単に夢を描いただけであって、企業にとっては時間の無駄以外の何ものでもありません。

　人をかけ、時間をかけ、お金をかけてまで「変えていくんだ」という強い意志と覚悟を持たなければなりません。**「できない」と言うのではなく、やるためには何をすればいいのか、どうすればいいのかという考え方に切り替えて、それを取り組むべき課題として設定し、取り組み施策の実行を図ること**です。

　改革活動を進めても、社員の大半は、今までのやり方を変えたくないし、変えるための困難を受け入れたくないのです。それだけ「変える」ことは難しいのですが、難しくても改革活動を続け、変えていかなければ、改革活動の結果は得られないのです。

　とはいえ、取り組むべき課題を設定して、課題に対する解決策を見い出せたとしても、解決できない場合もあります。取引先から情報をもらえば課題が解決するのに、取引先が承知してくれなかったり、新しい設備を入れれば課題が解決するのに、お金の制約があって申請が却下されたり。そうなると、いくら前向きに取り組んだとしても、もうそれ以上は進むことができなくなってしまいます。

　それでも改革活動を前に進めるためには、**手段を変えてでも目的を達成するという執念のようなマインドが必要**です。くどいようですが、改革活動の真の目的は、あくまで決めた取り組み施策を実行することではなく、ありたい姿の実現です。その実現方法に制約は

ないので、柔軟な発想をするべきなのです。もっとも強制的な手段で取引先から情報をもらえとか、嘘の申請をしてでも新しい設備を買えなどとグレーゾーンやレッドゾーンの手法を奨励しているわけではありません。

　もし取り組み施策が実行できないのであれば、すでに決めた社内の現場や部門の実施内容を変えて、別のやれるやり方でありたい姿を実現すればいいのです。せっかく決めた実施内容ですが、ひとつの実施内容に限定する必要はありません。**取り組み施策が実行できないのであれば、もう一度ありたい姿に戻って、実施内容を見直してもいい**のです。

　時間軸のディレクション最大のポイントは、**時間は常に一方向に流れているわけではない**ということ。つまり、**立ち止まって、振り返って、一度戻ってみるということもあり得る**のです。

　改革活動を続けていると、どうしても解決できない課題にぶつかって行き詰まることがあります。それでも、ありたい姿を実現するための、実施内容のアイデアはたくさんあるはず。行き詰まった時は、もう一度ありたい姿に立ち戻って、実施内容を見直し、行きつ戻りつしながら改革活動を継続させることが必要なのです。

3 第三の矢：
深さ軸をディレクションする

"深さ"の
つながりを理解する

　プロジェクトディレクション最後の矢は、深さのディレクション
です。**改革活動を結果に結びつけていく上で一番難しいことは、モ
チベーションや、人の心の中にある改革の火を消さないことです。**
社員全員が「必ずいい会社にするんだ」という強い気持ちを持ち続
けることです。

　前述の通り、改革活動はプロジェクト活動で行なうことになるた
め、どうしても改革活動に関わるプロジェクトのメンバーと、関わ
らない人たちの間で温度差が出てきてしまいます。そして、改革活
動に関わるプロジェクトのメンバーでさえも、活動を継続している
最中に温度差が出てきてしまうものです。

　もっとも改革活動の黎明期には、「今のままではダメだ」となんと
なく感じながらも、強く会社を変えていこうと思うまで意識を高め
ている人はほとんどいないでしょう。その状態から、社員全員の気
持ちを上げていかなくては、確実に結果に結びつけることはできま
せん。

　とはいっても、社員の想いや熱はすぐに生まれてくるものではあり

ません。人間関係における「情」と同じように、改革活動の進みに合わせて、段階を追い、時間をかけてにじみ出てくるものなのです。

　いきなり、見ず知らずの他人を紹介して「今日からこの方があなたの生涯の友です。さあ、仲よくしてください」と言われても戸惑うでしょう。同じように、いきなり、新しい仕事のやり方を見せられても、どうしてこの仕事のやり方になったのかもわからなければ、なぜこの仕事のやり方をしなければならないのかもわかりません。

　目の前の人物の生い立ちや、さまざまなエピソード、考え方や不安に思っていることなどを時間をかけて知ることで、その人との間に友情や愛情が芽生えていくように、**改革活動においてもありたい姿からその新しい仕事のやり方がつくられていく経緯を一緒に共有することで想いが連鎖し、広がっていくのです。**

　そこで、プロジェクトディレクションでは、この感情的共有物を可視化するために、ありたい姿から新しい仕事のやり方がつくられ、想いが醸成されていく経緯を、3段階で表現します。

1　構想
　　↓
2　要件
　　↓
3　仕組み

　この3つの"深さ"を明確に測ることで、社員の想いや熱、モチ

ベーションといった精神的行動意欲を把握していくのです。

【構想とは】

　改革活動では、最初に全体的な構想を議論するところからはじめます。理想的な構想は、**関係する人たちの納得感のある想いを絵（ありたい姿）にしたもの**とも言い換えられます。また、理想的な、ありたい姿を実現するための取り組み施策の到達点や着地点を示す方向性というニュアンスも含んでいます。

　現状を知り、問題発生のメカニズムを解明して、改革しなければならないポイントを探る。「こう変えたらどうか」「ここを強化しなければならない」という改革のアイデアをプランに反映させる。このように、**構想の議論を通してありたい姿を描くことにより、経営層の想いや企業の人たち一人ひとりの将来に対する想いを束ねていきます。**構想では想いをひとつにできることが重要になります。

【要件とは】

　情報システムの開発でも、業務要件やシステム要件という言葉が出てきますが、ここで言う要件は、それとは違います。深さ軸をディレクションする際の要件は、**想いが醸成されていく過程で議論され、業務のつながりを示す構造や、業務のつながり方のバリエーションを表わす型（パターン）のこと**を指します。

　ありたい姿（理想的な姿）や方向性という情報だけでは、何がどのように変わるのかまではわかりません。ありたい姿を実現するための取り組み施策を設定すると、ありたい姿を実現した時の基本的な

かたちが見えてきます。それが、構造や型といった要件になります。

　製造業で言うと、製品をつくるための部品の調達や加工、製品の組み立てなどを行なう際、調達や加工、組立てをするためには、何をいついつまでに買っておけばいいのか、つくればいいのかの指示を出さなければなりません。どのような情報を元に処理や判断をして指示を出すか、その元情報はどこから入手するのか、処理や判断は誰が責任を持ってやるのかについては、ひとつの固定された方法ではなく、さまざまな方法を考えることができます。

　その方法の特徴がわかるようなつながりや、構図を書き表わしたものが構造であり、そのつながりや構図のバリエーションが型となります。**深さ軸の要件では、会社の構造や型といった目に見える現実世界に近いかたちに、想いを表わすこと**になります。

【仕組みとは】

　仕組みとは、**構造や型といった要件を、現場の人たちが行なう現場の行動に落としたもの**で、仕事の一連の流れを表わします。企業で働く社員は、ありたい姿や方向性といった構想や、それを実現した姿にした時の要件だけを意識して働くわけではありません。自分が担当する範囲の仕事や、それに関わる仕事のことを常に考えて働いているはずです。

　つまり、**構想が要件になり、仕組みに至るまでの深さになって、ようやく「いい会社にしたい」という改革活動の想いが社員に伝播<ruby>伝播<rt>でんぱ</rt></ruby>していく**のです。

　多くの企業では、取り組み施策を具体的にし、実行課題を解決し、

社員の作業にまで検討を進めていく途中で、改革活動をはじめた当初の「いい会社にしたい」という想いが、消えてなくなってしまいます。ありたい姿や方向性を描くあたりの構想段階では想いが共有できていたのに、それが現場の行動にまでつながっていかないのです。

想いのつながりに関しては、プロジェクトマネジメントで意図的にマネジメントされることはありません。しかし、**改革活動に関わるメンバーだけでなく、その企業で働く人たちが、「もっといい会社にしたい」という想いをひとつにして、その想いが行動につながることが、改革活動で結果を出すためには一番大切なこと**と言えます。

また、想いがひとつになることで、活動に関わるすべての人たちの活動に臨む姿勢も変わります。姿勢が変われば、活動そのもののスピードも速くなります。改革しなければならない範囲が広く、人手もお金も時間も不十分なことが多い中堅・中小企業としては、成果物やあるべき姿というかたちをつくるための費用やスケジュールをマネジメントするだけでは、改革に向けて加速するだけのエネルギーが足りません。

関わる人たちのマインドから沸き起こるスピードを大事にしなければ、中堅・中小企業では結果を出すことは難しくなります。そのためには、「構想⇒要件⇒仕組み」という３段階をもって、深さ軸のつながりを可視化し、実現していくことが必要なのです。

共有するために日々行動し、
イベントを行なう

　さて、「構想⇒要件⇒仕組み」という3段階の深さについての認識を、社内でどのように共有していくか。先にも述べた通り、ありたい姿や方向性を議論する時は、限られた人たちで議論する方が効率的です。

　というのも、社内には想いを持っている人と持っていない人が混在するわけですから、多くの人が一堂に会した状態でありたい姿をまとめあげるのは至難の業です。**それならば、ありたい姿を明確に描けない人に対して、ありたい姿のたたき台を提示することで、想いを具体的に描いてもらえるという手**があります。ということは、まずそのたたき台をつくるほうが効率的なのです。たたき台は、少ないメンバーではじめたほうがつくりやすくもありますので、コアメンバーで構想の基礎プランをつくることが望ましいのです。

　しかし、限られた人たちでありたい姿や方向性を議論してしまうと、どうしても、活動に参加しているメンバーと、活動に参加していない社員との間に想いに対する温度差が起きてしまいます。改革活動がはじまったにもかかわらず、改革活動で何をやっているのかわからない社員や、改革活動をやっていることすらも知らない社員がたくさんいるという状態になってしまいます。

　また、要件として取り組み施策を設定する際には、新しいメンバーも次々と参画することになります。その時に、これまで活動に参

加してきたメンバーと、新しいメンバーとの間に、想いに対する温度差があるため、ディスカッションに偏りが起きる可能性もあります。当然ながら、新しいメンバーは、これまでの「ありたい姿」や方向性の検討経緯、検討している時の場の雰囲気を知りません。できあがった後のありたい姿や方向性だけをいきなり示され、これを実現するための取り組み施策を考えることになりますので、大変高いハードルを越えなくてはならないと言えるでしょう。ここまでは、本書でこれまでも述べてきたことです。

　問題は、**想いの温度差をどう解消するか**です。想いというものは人間の感情に起因しますので、コンピューターのようにオン・オフが明確にできるものではありません。また、上司や会社から言われたからといって、すぐに醸成されるものでもありません。最初のうちはモヤモヤしていたものが議論の過程で明確になっていくことが多く、検討経緯や検討している時の場の雰囲気などから、次第に沸き起こり、個々の心の中に定着していくものです。

「構想⇒要件⇒仕組み」という流れの中で仕組みの段階になって、多いトラブルというのが、この熟成の仮定を無視したプロジェクトの押しつけです。
　現場の人たちは、議論に参加してきたわけではありませんし、検討にも加わってはいません。つまり、想いがまだ露ほどもない状態で、突然大きな想いと役割を渡されるのです。さすがにたまったものではないでしょう。

すでに決まった仕事のやり方を突如指示され、何も考えずにその仕事のやり方をやる。当然ながら、ただの作業としてこなすわけですから、作業以上の何かを期待することはできません。つまり、魂の入っていない見かけのかたちだけがありたい姿になっているだけで、期待していた結果は何も得ることができません。

　新しい仕事のやり方の運用教育をすることもありますが、それは作業において間違いのないように手順や方法を説明するだけであって、それで想いを現場の行動につなげることはできません。
　先に述べたように、検討経緯や検討している時の場の雰囲気を知らなければ、想いを共有して現場の行動につなげることは叶わないのです。ですから、**現場の行動を実行する時になってから、全社員に想いを共有しようという考え方は、短絡的であり、むしろ社員の心理を理解していない経営者が考えてしまう最もよくないパターン**と言えるのです。

時間をかけて社員を説いていく

　全社員に想いを共有してもらうためのポイントは、**改革活動として日々のコミュニケーションの方法を工夫し、活用すること**です。できるだけ、改革活動のメンバーと参加していない社員との温度差を、意識して埋めるようにしていきたいものです。

そこで役に立つのが、**改革プロジェクトメンバーが主導するイベント**です。

　例えば、改革活動のメンバーは、議論をした内容や検討の経緯、参加メンバーからの意見などを、朝礼や昼礼の場で、自分の部門の社員に話してもいいでしょう。改革活動の事務局が定期的に報告会を企画して、報告や意見を出してもらう場をつくるのも素晴らしいアイデアです。

　つまり、**フェイス・トゥ・フェイスで進捗や決まったこと、これから決めようとしていることを知ってもらうようにコミュニケーションを図っていくこと**が有効なのです。

　フェイス・トゥ・フェイスが難しくても、さまざまなコミュニケーションツールを駆使することはできるはずです。定期的にかわら版や配布資料をつくって、改革活動のメンバー紹介や議論の場の写真を載せたり、改革活動に寄せる社長の熱いメッセージを載せたりすることもナイスアイデアです。

　想いを共有する活動をする時に、注意しなければならないこともあります。改革活動の内容、特にありたい姿や方向性は、企業の戦略や重要な決定事項が含まれていることが多く、社員一人ひとりに展開できる内容なのかどうか（情報漏洩のリスクの有無）を見極めなければなりません。それを見極めた上で、その企業に合った想いを共有する手段を選び、継続して行なうことが大切です。

　また、改革活動では、さまざまな調査や分析などの作業が発生し

ます。それらの作業は、本来であれば、改革活動のメンバーが行なうのですが、メンバーは日常業務でも重要な位置づけの人が多く、調査や分析などの作業に時間を割くことが難しいこともあります。

　そこで、調査や分析の作業を所属する部門の社員にあえてお願いし、特別調査団として実施してもらうように展開するのです。当該の社員は改革活動のメンバーではありませんが、**調査や分析という作業を通じて、間接的に改革活動に参加していくこと**で、想いをかたちづくる一助になるはずです。

　さらに、改革活動の議論の場に、議論の内容に応じて、メンバー以外の社員を招待することも有効でしょう。中堅・中小企業のメンバーは、すべての業務に精通しているわけではないので、議論の内容によっては、メンバーとは別の社員が必要なこともあります。その時には、**メンバーなのか、メンバーじゃないのかに関係なく、どんどんと議論に参加してもらい、仲間を増やしていく**のです。言い方を変えると、どんどん巻き込んでいくわけです。もちろん、メンバー以外の社員が議論に参加するためには、それまでの議論の経緯や、今回の議論の目的、どのような結論を出したいのかを、議論の前に、共有しておく必要があります。

　また、さまざまな部門が一堂に会して、横のコミュニケーションを取りながら想いを共有する場をつくることも考えられます。例えばキックオフイベント、定例的な全社説明会などです。
　特にキックオフイベントは、改革活動の目的や活動内容の説明を

メンバーにする場。経営層向けの報告会とは別に、**関係する社員を集めた報告会を持ったりして、改革活動への参加意識を高め、部門間を横断する全社的活動という認識を持ってもらう**ことができます。

　また、研修会を開催することも有効です。中堅・中小企業は、考え方や方向性といった全体感を議論したり、説明だけで大勢の社員が方向性や考え方を共有することが比較的苦手です。そこで、**研修会を通じて説明したり、グループワークを通して具体的な例で議論し、体験してもらうことで「そういうことだったのか」とわかってもらう**のです。

　ある企業では、研修を社内教育カリキュラムに組み込み、年に2回開催。4年をかけて（全8回実施）全社員が研修を受け、改革活動の考え方や方向性を共有するようにしました。さまざまな部門の社員がグループに分かれてワークをするので、これまで関わり合いのなかった部門の社員がお互いを知る機会にもなったといいます。社内のコミュニケーションが円滑になったという副次効果が期待できる点でもお勧めです。また、合宿検討会のように、夜の宴席を共にして、お酒を飲みながら本音で話し合いをする場を設けることも横串のコミュニケーションにつながるでしょう。

　ここで注意しておきたいことは、研修会やグループワークは、横のコミュニケーションには有効なのですが、**そこで考え方や方向性を共有するためには、かなりしっかりと準備をしなければならない**ということです。グループディスカッションやワークショップをすれ

ば、考え方や方向性を知る機会にはなっても、その内容を納得して、構想（方向性）で共有した想いを、要件や仕組みの議論にまでつなげることは簡単ではありません。社内教育カリキュラムに組み込んでいる企業では、３〜４ヶ月前から企画と準備を進め、回を重ねるごとに内容を見直していました。

　研修会は、想いを共有するためのイベントとして、大変効果がありますし、これまで部門ごとに閉じていたセクショナリズム（外部からの干渉を排除しようとする排他的傾向）の弊害を取り除き、社内のコミュニケーションを円滑にする効果もあります。部門の異なる社員同士の温度差を積極的に埋めるようにするために、イベントを効果的に活用することが必要です。

　このように、改革活動に関して、**日々のコミュニケーションを工夫しながら、できるだけ多くの人に想いを共有するための行動を起こしていくこと**が求められます。改革活動のメンバーと参加していない社員との温度差を埋めるには、こうした地道な取り組みによってのみ、実現可能になるのです。

　本項ではこれまで、プロジェクトディレクションの３つの軸のうち、深さ軸について述べてきました。**深さ軸は、改革活動の想いを全社員にまでつなげていくマインド共有の浸透率**とも言えます。
　社員の想いは、改革活動の進みに合わせて、段階を追い、時間をかけて熟成されていきます。いきなりメンバーを集めて議論をはじ

め、いきなり新しい仕事のやり方を現場に展開するのではなく、**早いタイミングから改革活動の想いをつなぐ取り組みをはじめ、毎日、地道に積み上げなければなりません**。なぜなら、中堅・中小企業が改革活動で結果を出すことはそれだけ難しく、時間がかかることだからです。

　ただし、時間はかかるかもしれませんが、全社員の想いがひとつになった時に、想像以上のエネルギーが改革活動を後押しし、ありたい姿に向かって進みはじめ、改革活動が終わった時には、大きな結果をもたらしてくれるでしょう。

物理的距離が心理的距離になる

　ある企業で、業務の標準化や効率化を目的に、現在使っている情報システムの改修を行なうプロジェクト活動をはじめました。

　その企業の本社は東京で、支社が仙台、高崎、新潟、長野、横浜にあります。各々で行なっている業務内容は同じですが、やり方が違っていました。

　違う理由は、各エリアで支社に責任と権限が与えられ、独立した企業のような形態を取っていたからです。そのため、本社主導で業務のやり方を決めて各支社に展開する方法は取らず、本社と各支店からメンバーを募りプロジェクト体制をつくることにしました。

　一般的にプロジェクト活動は、メンバーが集まって定期的に会合を持ちながら進めます。そのため、本社から離れたところからメンバーを選ぶと、わざわざ本社に来てもらうか、テレビ会議で参加することになります。この企業でも物理的にメンバーが集まるのは難しいということで、テレビ会議で会合を行なうことにしました。しかし、これが思わぬブレーキになってしまったのです。

　ブレーキとなって現われた事象は3つあります。

　ひとつ目が、「本社のプロジェクトに参加させられている」という強制意識です。支社の面々は、本社が企画した問題解決の活動に駆

り出されているという「やらされ感」を感じていたのでした。

　2つ目は、支社の状況を知らないのに、本社からやることばかり押しつけてくるという被害感情の発生です。プロジェクトとして各支社の言い分をまとめるためには、ある程度本社主導で方向づけを示さなければなりません。それが、どのような経緯で決まったのかが、支社からはまったく見えなかったのです。

　そして3つ目が、参加意識の薄れです。テレビ会議でも離席が多くなり、画面に映っていたとしても、手元では他の仕事を内緒でやるというような参加態度が顕著になってきました。さらに、プロジェクト活動が進むにつれて、支社のメンバーはだんだんと会合を欠席するようになっていったのです。

　これらの3つの事象は、物理的距離が心理的距離となって生じたものです。プロジェクトの渦中にいる人たちは当事者なので、やっていることが当たり前になりすぎてしまって、その心理的距離に気づくことはありません。だからこそ、これらの事象に常に注意を払わなければいけなくなります。これらの事象が起きはじめたら、「心理的距離がプロジェクトを蝕んでいる。かなり危険な状態なのだ」と気を引き締め、丁寧に対処をしていく必要があります。

　対処の方法としてはいくつかありますが、例えば、プロジェクト会合を本社だけでなく支社でやってみるなどです。また「わかっているはず」と思わずにマメに説明会や進捗を報告してコミュニケーションを密にするなどの手立てを講じることで、心理的距離は改善

されていきます。改革で結果を出したいのなら、手間を惜しんでは
いけません。

　その企業では、プロジェクト立て直しのために、本社のメンバー
が1週間かけて支社を1ヶ所ずつ訪問して意見交換会を持ちました。
支社メンバーがこれまで会合では言えなかったわだかまりを本社メ
ンバーに打ち明けてすれ違っていた気持ちを修復することができた
のです。わざわざ本社から出向いてきてくれたという気持ちも手伝
って、その後のテレビ会議も活動も順調に進めることができるよう
になりました。

4章

プロジェクト
ディレクションが
改革活動を
好転させる

1 「現状」と「ありたい姿」を一致させられる

問題発生のメカニズムを解明できる

　改革活動をはじめるにあたり、**何より大事なのは現実を知ること**です。改革する対象がわからなければ、改革をすることなどできないはずですので、当然と言えば当然のことです。

　現実を知るということは、問題を見つけることや、業務プロセスを正しく知ることだと考えがちですが、正確に言うと違います。あくまでも、**企業全体を俯瞰し、企業の内外で何が行なわれているのかという事実のみを知ること**です。

　企業が少しずつ成長し、人数が増え、拠点が増え、製品の仕様や種類が複雑になっていく過程では、かつての仕事のやり方を手直しし、現場の作業を工夫してきたはずです。ところが、いつの間にか仕事の生産性が落ちてしまい、在庫は増え、お客様の不満も募ってきてしまった……このような状況の中で、企業全体を俯瞰し、企業の皆さんが自分たちの企業の実態に気づいた時に何が起きるでしょうか。

「こうなっていたのか。これじゃあうまくいくわけないよな」

◆ 納得するという動機づけが必要

今こうなっているから
問題が起きているのですよ!

メカニズム

確かにこれじゃあ
うまくいくわけないよな

納得!

　このように、まず現実に対する納得感が生まれてきます。人は納得する——腑に落ちるということがなければ、行動することができないものです。つまり、改革活動で結果を出すためには、**まず最初に納得するという動機づけが必要**なのです。

　企業の皆さんは、自分たちの企業で何が行なわれているのか、知っているようで案外知りません。実は、ごく限られた一部分のことしかわからないのに、自分の会社のことは何でもわかっていると思い込んでいます。だから、今企業が直面している現実が見えないのです。

　さて、現実を知るためのプロセスは主に2つあります。

①ヒアリングをする
②メカニズムを解明する

4章

プロジェクトディレクションが改革活動を好転させる

ヒアリングというのは、まずは企業で働く社員たちから話を聞くことです。中堅・中小企業の場合は、組織や仕組みではなくて、人で企業が動いていることが多いものです。ですから、特にヒアリングを重視することで、今まで見えなかった現実が見えてきて驚いたという声も多々耳にします。

　ヒアリングするといっても、あまり細かいことまで知ってしまうと、全容が見えなくなってしまいますし、ヒアリング対象を絞りすぎてしまうと偏った現実を知ることになってしまいますので、バランスを意識して行なう必要があります。

　対象となるのは、経営層と各部門の管理職と担当者。契約社員やパートタイム社員が主要な業務をやっていることも多いので、場合によっては、契約社員やパートタイム社員にもヒアリングを行ないます。

　ヒアリングをする時のポイントは、**現状の仕事と問題認識、そして将来に対する「こうしたい」「こうなるといい」という想いを聞く**ことです。

　問題認識は、往々にして独りよがりになりがちです。自分が過去に痛い目にあったことや辛い思いをしたことなどは鮮明に覚えているものですが、そこを強調されたからといっても、実は滅多に起こらないレアケースな問題だったりします。

また、日頃から問題だと思っていることは話してくれますが、逆に言うと対象者が問題だと思っていないことは話に出てきません。そして、対象者が話してくれる問題認識は、対象者がたまたまヒアリング時に思いついた（思い出した）ことであって、思いつかなければ話題にあがりません。つまり、ヒアリングをした内容がちゃんと現実を表わしているかというと、案外そうではないことも少なくないのです。

　大事なことを見逃さずに現実を知るためには、ヒアリングした内容を鵜呑みにして受け取るのではなく、他人の目から見た情報とクロスチェックしていくことが求められます。そのためにも、問題認識については、自部門の問題認識と自部門から見た他部門の問題認識の両方をヒアリングすることが有効です。

　もっとも、ヒアリングは問題を見つけて誰かを糾弾するような犯人捜しをするのが目的ではありません。
　当然、誰もが問題を起こそうと思って日々の仕事をやっているわけではなく、さまざまな行動や事象が重なりあった結果として問題になってしまっています。
　ですので、**ヒアリングの目的は、自分たちの企業の実態に気づき、今の状態を引き起こしてしまっている自分たちの姿を納得できるようにするためだという意識でいるべき**です。

　ヒアリングが終わったら、ヒアリングした情報（社員たちの声）

を基に、問題が発生するメカニズムを解明していきます。つまり、どうして問題が起きるようになったのか、仕事がどのようにつながり、誰がどのような判断や処理をすることで、問題が発生するようになってしまったのかを解き明かすわけです。

　メカニズムの元々の意味は、機械の各部品がお互いに関連し合いながら動く仕組みのことです。企業の皆さんが認識している問題も、実は、仕事に関わる各々の人たちや仕事の仕組みがお互いに関連し合いながら発生しているのです。

　どういう人たちが関わった仕事の仕組みが、どのように関連し合うことで問題となって表われてくるのか、そのメカニズムを解明することになります。

　メカニズムの解明作業は、ヒアリングを実施しながら、ヒアリングと並行作業で行ないます。メカニズムは、機械装置の機構図（からくり図面のようなもの）と同じような絵や図を使って示されることが多くあります。それらの絵図は、ヒアリング対象者個々から聞き出した現状の仕事と、クロスチェックしながら把握した問題認識をつなぎ合わせ、さらに不足している情報は追加でヒアリングをして確認したり、定量的な情報を集めたりしながら補足して、つくり上げていきます。

　どうして絵図にするのかというと、その理由は、文章で解説した場合、同じ文章であっても人それぞれ文章の解釈が違うため、同じ納得感が生まれないからです。文章による解説は、その場では納得で

◆ 問題発生のメカニズムを解明し、ありたい姿を描く

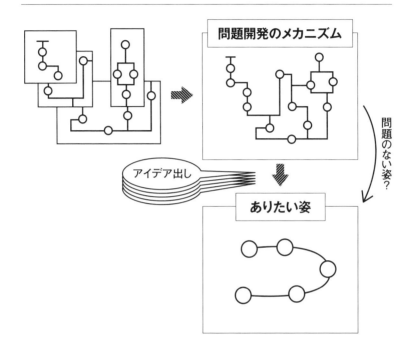

きたとしても、各々の人が頭に思い浮かべるイメージが違い、後々
困ることが起きてしまいがちです。

　絵図にする時のポイントは、**問題や事象など、表わしたい現実を**
1枚に描くことです。起きているひとつの問題、ひとつの事象に対
して、そのメカニズムの要点だけを抜粋して1枚に表わすのです。
1枚に表わすことにより、全体を俯瞰することができます。そうす
ることで、メカニズムの一部を担っていた当事者は、**これまで見え**
なかった現実を直観的に知ることができ、かつインパクトも大きい
ために、納得感も得られやすいのです。

4章

プロジェクトディレクションが改革活動を好転させる

このように、現実を知るためのメカニズムの絵図を一つひとつつくり、自分たちに起きている問題や事象がどうやって起きているのか、**ありのままの現実を知ることで、納得感を得て、「変えたい」「変えよう」という改革活動に取り組む意志や、「こうしたい」「こうしよう」という想いがつくり上げられていく**のです。

想いや期待感が詰まった
ありたい姿を描ける

　改革活動に関わるメンバーや、その企業で働く人たちが、もっといい会社にしたいという想いがなければ、改革活動は、期待する結果は出せません。では、改革活動で目指す「もっといい会社」とはどういう姿なのでしょうか。

　現状を知るためのヒアリングでは、経営層と各部門の管理職や担当者、必要に応じて契約社員やパートタイム社員に至るヒアリング対象者に「将来はこうしたい」「将来はこうなるといい」という想いを聞いています。ひとつの企業に属する全員に、必ず何かしら将来に対する想いがあるはずだからです。

　しかし、ヒアリング対象者が話す将来に対する想いから脱線し、「こうだったらいいな」という漠然とした理想や、会社に対して日頃言えないような批判、「あの部門がもっと○○だったらいいのに」というような他部門への要望などがあがってくることも多々ありま

す。こうした声は、対象者の人たちや部門の期待感を知るには非常に有効ですが、生の声のままでは、それぞれの立場のバラバラな期待でしかありません。

　改革活動では、それらを、ありたい姿を描くために有意義な情報に切り替えなければなりません。

「なぜ、こうだったらいいなと思うのか」
「会社を批判する理由は何なのか」
「どうして他部門がそうしたらいいと考えたのか」

　ヒアリング対象者が思っていることや感じていることも合わせて聞き取ることで、企業の深い実情を知ることができ、ありたい姿を描く有力な情報にしていくことができてくるのです。

　ここで、参考までに、**問題解決型アプローチ**の将来の姿（≠ありたい姿）の描き方を見てみましょう。
　問題解決型アプローチとは、今起きている問題を把握し、その要因を分析して問題を解決すれば企業がよくなるという、一般的な改革活動のアプローチです。
　問題解決型アプローチの将来の姿は、「問題―要因―解決策」という一連の分析結果から導き出されます。今起きているすべての問題が解決された後の姿を描けば、理想的な将来の姿になるという考え方で、その姿は、分析によって得られた個々の解決策を実施した結

果を足し合わせたものです。しかし、悪い言い方をすれば、個々の問題が解決された部分的理想を、ただ単に寄せ集めただけの姿とも言えます。

問題解決型アプローチを使った改革活動は、時間をかけ、誰でも同じ手順を踏めば、解決策を見つけることができると共に、将来の姿を描くことが可能です。しかし、**多くの中堅・中小企業では、問題解決型アプローチによる現状の手直しの延長線上に、自社の将来の姿を見い出せなくなってきている**という現実も見逃せません。

そのような背景から、**プロジェクトディレクションで推奨される手法は、問題解決による既存の延長線上の将来の姿を描くことではありません。**
今自分の企業で起きている問題や事象などの現実の全体像を、メカニズムという絵図を使って俯瞰し、理解することで、新たな発想を取り入れたありたい姿を描いていくことです。
つまり、一つひとつの問題の要因を探し出して解決するのではなく、ありたい姿を実現すれば、今は問題だと思っていることが問題ではなくなってしまうことなのです。
もっと言うと、**問題のない姿はどのような姿なのかを考えることで、ありたい姿を描いていく**わけです。

話をメカニズムに戻しましょう。問題や事象を表わしたメカニズムの絵図を見ても、すぐにありたい姿が描ける訳ではありません。

問題や事象を表わしたメカニズムの絵図を俯瞰し、理解することで、改革しなければならないポイントや「こう変えたらどうか」「ここを強化しなければならない」という改革のアイデアが徐々に見えてきます。

　そして、改革のアイデアを取り込みながら、ありたい姿のたたき台を描いていきます。さらにありたい姿のたたき台を俯瞰し、企業が抱える問題や今起きている事象を変えることができるのかどうか、問題のない姿になっているのかどうかを検証していきます。

　また、この検証の段階で、描いた「ありたい姿」に、改革活動に関わるメンバーが納得しているかどうかも確かめます。**「自分たちはこの姿を実現したかったんだ」と皆が心の底から思えるかどうか。この姿が自分たちの将来を担えるものになっているかどうか。そして、ヒアリングで得た経営層の想いや働く人たち個々の将来に対する想いが、このありたい姿で実現できるのかどうかを確かめる**のです。

　これこそが、メカニズム解析の天王山です。

　もし、納得ができないという点が見つかれば、納得できるような情報を集めて改革のアイデアの補強をします。「これでは問題がなくならない」「情報を集めて改革のアイデアを補強したとしても納得ができない」という点があるならば、さらにもう一度、同じことを繰り返します。

　問題や事象を表わしたメカニズムの絵図を俯瞰し、新しい視点を

盛り込むための新たな情報も集めながら、改革のアイデアを見直し、ありたい姿を手直ししていくのです。

そして、**再度、問題が起こらない姿になっているのかどうか、納得感があるのかどうかを繰り返し、粘り強く検証します。**これらの作業を繰り返しながら、ありたい姿をつくり上げていくわけです。

こうやってつくり上げたありたい姿は、実現したいという想いや、実現すれば必ず会社はよくなるという期待感が込められたものになります。

改革活動は、難しい課題をいくつも解決しなければならず、長い期間をかけてステップを追いながら実現しなければなりません。時間が経つにつれて、どうしても当初の想いや期待感が薄れていったり、施策に取り組みはじめると難しい課題に気持ちが萎えてしまったりします。**改革活動に対する想いや期待感を最後まで薄れることなく持っていくためにも、ありたい姿は非常に重要な役目を果たします。**

また、改革活動は、数多くの施策に取り組む必要があるため、放っておけば、施策の取り組みがバラバラになり、方向を見失ってしまいます。今後の改革活動で取り組んでいく**いくつかの施策を、最初から最後までひとつの向かう方向に束ねていくためにも、想いや期待感の詰まったありたい姿を描かなければならない**のです。

ありたい姿を想いが伝わる
資料にできる

　次にあげる３点は、改革活動の結果を出すための重要なルールです。

- どのような姿になりたいのか、どのような姿にならなければならないのかを明確にする
- 今起きているさまざまな問題を解決し、会社の仕組みや業績がよくなった時はどんな絵姿なのかを明確にする
- 誰もが理解ができるかたちになっていて、誰もが同じ姿を思い浮かべることができるようにする

　社員には、毎日何かしらの仕事が与えられています。最近は、派遣社員やパートタイム社員も増えてきましたが、その方々もその企業で働く一員であり、社員と考えていいでしょう。

　社員が与えられている仕事は、自分が所属している部署やその部署が担う作業の一部です。社員が見ている仕事の範囲は、さらに社員個々に振り分けられた、今日やるべき作業の範囲だけです。だから、会社全体がどういう仕組みになっていて、どのような作業が組み合わさり流れているのかということに目が向くことはほとんどありません。他の部署の仕事だけでなく、隣りの人がどのような仕事をしているのかさえも知らない人もいるでしょう。

もっとも、人間の身体を細分化していけば、最後には細胞にたどり着くように、組織を細分化していけば、会社を動かしているのは一人ひとりの社員になります。細胞が活動しなければ当然人体を維持することができないことと同様に、社員の働き方や仕事に取り組む姿勢が、会社の向かう方向を左右すると言えます。

　その会社が、ありたい姿になりたいのであれば、意識的にその企業で働くすべての社員に、「皆さんが働いている会社は、これからこうなるんだ」という会社の姿や向かうべき方向を示してあげる必要があるはずです。
　ありたい姿を実現するためには、仕事のやり方が大きく変わってしまうというリスクもあります。しかし、すべてが変わるわけではなく、これまでと同じ作業を続けることもあるはずです。この時、たとえ同じ作業をするにしても、**「うちの会社はこんな姿に変わるんだな」という意識を持って取り組めば、出てくる結果は違ってくる**ということを忘れてはいけません。

　これまで、社員たちは与えられた仕事をそつなくこなし、日々、目の前の作業を遅れることなく無事に終えることを目的にしていたかもしれません。しかし、ありたい姿を意識することで、「あの姿を目指すんだったら、今の仕事のやり方じゃダメだ」というように、作業をした結果や、自分の作業が他の人の作業にどのように影響するのかまで考えて作業をするようになります。
　このようになるためには、社員全員に、何をやるのかを明確に伝

えなければなりません。**ありたい姿のその絵姿に込められた想いや意思までわかるように、丁寧に資料にすることが大切なのです。**

2 「取り組み施策」が
具体的に動き出す

取り組み施策に
方向性を与えられる

　企業の人たちの想いや期待感が込められたありたい姿を描くことができたら、そのありたい姿を実現するための活動に移ります。絵に描いた餅では意味がありませんので、ありたい姿をつくり上げるだけでは不十分です。**最終的にありたい姿を動かすことで、ようやく結果を手に入れることができるのです。**

　ここで簡単に、ありたい姿を実現するまでの活動の進め方に触れておきます。

　改革活動は、一足飛びに結果を得ることはできません。現状を少し手直しすればすぐに結果が出るような簡単なものでもありません。難しい課題を一つひとつ地道に解決し、具体的な行動を積み上げていくことで、ようやく結果につながるのです。また、ありたい姿をきちんと描かなければ、ここで示す活動の進め方には進めないので注意してください。

　ありたい姿を描いた後の活動の進め方のステップは次の通りです。オーソドックスなステップですが、ステップを追えば必ず結果が出

るわけではありません。結果というゴールを目指して長い期間を走り切らなければならないので、**常に活動全体を俯瞰し、方向を見定めながら改革活動をディレクションすることが、結果を出すための必須条件です。**

---

①現状の姿からありたい姿にしていくための取り組み施策を洗い出す

②改革の方向性を決めて取り組み施策の整合性を図る

③取り組み施策を具体的にして、実行課題を洗い出す

④実行課題をいつ、誰が、どれくらいの期間で実施するか決める（活動計画づくり）

⑤実行課題を解決する

⑥結果が出るまでフォローアップする

では、ひとつずつ考えていきましょう。

①現状の姿からありたい姿にしていくための取り組み施策を洗い出す

ありたい姿にしていくためには、現状の姿から変えなければならないことや新たにやらなければならないことがあります。

例えば、仕事のやり方や製造工程、マネジメントのあり方などを変えなければならなかったり、社員教育による人材育成や社員の意識醸成、情報システムの導入、製品のモジュール化などを新たにやらなければならなかったりします。

ありたい姿を実現するためにやることをすべて洗い出し、取り組みやすい活動の単位に組み合わせたり切り分けたりして、取り組み施策を設定します。

　この時、**他社の事例を参考にしすぎない**ようにする注意が必要です。例えば、仕事のやり方やマネジメントのあり方、製造工程やもののつくり方、組織や各組織の役割と責任、権限など、今やっていることを別の違うやり方に変えなければならないことがあるはずです。また、情報システムの開発や導入、社員教育による人材育成や社員の意識醸成、サプライヤーや関連企業との関係構築、モジュール構造を採用したシンプルな製品構造設計など、今はできていないけれど、やらなければならない新たなことがあるはずです。

　これらの取り組みは、企業によって違います。**どこかの企業の取り組みを真似れば、同じような活動ができて、同じような姿になれるという保証はありません。**
　企業を取り巻く環境も違えば、会社の風土や社員の気質も違います。現在の姿も違えば、描いたありたい姿も違うはずです。そうであれば、変えなければならないこと、新たにやらなければならないことも違うのは当たり前です。
　他社の事例を参考にすることは有効ですが、**自分たちで、必要な取り組みを洗い出さなければ、自分たちのありたい姿は実現できない**のです。

②改革の方向性を決めて取り組み施策の整合性を図る

　一つひとつの取り組み施策を、自分たちの好きなように実現してもありたい姿にはなりません。改革活動は、個々の取り組み施策に取り組むのではなく、取り組み施策がバラバラにならないように、ありたい姿に向きを合わせて取り組まれることが大前提です。

　向かうべき改革の方向性は、ありたい姿をいくつかの領域に分けて、個々の領域で、何のためにどのようなことを実現したいのかを示す羅針盤でもあります。

　ですから、**先に洗い出した取り組み施策を、改革の方向性に体系づけて、その方針に合うように整合性を図っていきます**。必要に応じて、取り組み施策の見直しや削除、新たな取り組み施策の追加を行ないます。

　この時、取り組みやすい活動の単位を決める基準があります。それは、**個々の取り組み施策が独立して活動できるかどうか**という点です。独立して活動ができるというのは、他の取り組み施策の進捗や結果に影響を受けずに検討ができることと同義です。もちろん企業の中の活動なので、完全に独立させることはできませんが、極力、影響を受けないように切り分けると、後々の活動がしやすくなります。

　また、価値観や利害関係を共有できるような「チーム」で検討できるかどうかも重要な指標となります。チームのつくり方にもよるのですが、チームで検討できる範囲や大きさが、取り組みやすい活動の単位と言えます。

③取り組み施策を具体的にして、実行課題を洗い出す

　取り組み施策を実行するためには、企業の人たちが行動できる現実的な内容にしなければなりません。例えば、社員教育による人材育成では、どんな目的で、誰を、どのような人材に育てたいのか。そのために、誰に対して、いつ、どのような教育を行なうのか。その教育内容は、効果をどのような指標で見て、どうなればよいと判断したり見直しをかけたりするのか。このように、行動ができる内容にしていきます。

　取り組み施策を具体的にしていく過程で、「これをやるのは難しい」「○○を決めなければならない」「○○との調整が必要」など、やらなければならないこと、検討しなければならないこと、決めなければならないことなど、取り組み施策を実行する上での課題を洗い出しておきます。

　なお、**一旦、取り組み施策を設定しても、その取り組み施策にこだわりすぎてはいけません。**よくあることですが、実現の可能性の低い理想的な取り組み施策や、ソリューションベンダー（課題解決策を商品として提供する企業）の提案を受けて最先端のソリューション（課題解決策）を取り組み施策として設定することがあります。しかし、実現がほぼ不可能な取り組み施策であれば、諦めなければならないですし、ありたい姿の実現に結びつかない取り組み施策は捨てなければなりません。

④実行課題をいつ、誰が、どれくらいの期間で実施するか決める（活

動計画づくり）

　取り組み施策を具体的にしていく過程になると、出てきた実行課題を解決するためのプラン作成に入ります。その際、**誰が、何を、いつ、どれくらいの期間で課題を解決するのかタスクを決める**必要があります。

　難しい課題を解決するには、ある程度の期間が必要になり、解決する順序も重要になります。また、企業の目標として、「ありたい姿」が実現できる期日や、取り組み施策が完了する期日が決められている場合もあります。それらの条件や制約を考慮し、実行課題を解決してありたい姿を実現するための活動計画をつくります。

⑤実行課題を解決する

　活動計画ができれば、その計画を守るように実行課題を解決します。ここで気をつけなければならないのは、実行課題の解決は、徐々に細部に入っていくことになるので、**時間が経つにつれて、解決することが手段ではなくて目的となり、本当の目的（改革の方向性）を見失ってしまいやすい**ということ。

　例えば、情報システムを開発したり導入したりする場合、実行課題の解決のために情報システムを導入するはずだったのが、情報システムを開発することが目的となって、実行課題の解決が忘れ去られるなどが陥りやすい罠としてあげられます。手段が目的になってしまうことは、非常に起こりやすいことなので細心の注意を払いましょう。

⑥結果が出るまでフォローアップする

　ありたい姿が実現したら、それで改革活動が終わりではありません。**かたちだけつくって魂が入っていないありたい姿では、改革活動の結果を出すことはできない**のです。ほとんどの企業が、ありたい姿の実現をゴールにするため、実現したら改革活動を終えてしまいます。しかし、**できあがった姿を、意志を持って運用することで、ようやく結果が出はじめる**のです。

　例えば、社員教育の仕組みをつくって教育したとしても、ただ単に教育を受けただけでは企業を担う人材は育ちません。このフェーズでは、結果が出るまでを改革活動と位置づけて継続をします。

　現在の姿からありたい姿への道筋はひとつではありません。つまり、ひとつの取り組み施策が非常に難しくてできなくても、変えなければならないこと、新たにやらなければならないことのアイデアをどんどん出せば、それに代わる別の取り組み施策をたくさん見つけることができるのです。

　企業によっては、取り組み施策を先に決めてしまっていることがありますし、決めた取り組み施策が実行されないとありたい姿を実現できないという考えに凝り固まっているケースも見受けられます。これはとても危険なケースです。

　固定概念にとらわれると、改革活動の途中で、取り組み施策に違和感があってもやめることができませんし、解決できない障害や実行できない難題があると、決めた取り組み施策が暗礁に乗り上げて、改革活動を諦めてしまうのです。まるで暴走車をコントロールする

ことができず、曲がり切れないカーブに突っ込み車を大破させ、これ以上前に進むことを諦めざるを得なくなるようなものなのです。

企業ごとの違いを
大切にする

　せっかく改革活動をするのですから、会社がよくならなければ意味がありません。お客様に満足してもらえるようにすることはもちろん、着実に利益を確保していくことも大事ですし、社員が生き生きと仕事ができる環境をつくることも必要です。

　また、時代に置いていかれないように常に最先端の技術や仕組みを社内に取り込むことも必要ですし、社会に誇れるような役立つ技術やサービスを開発して提供することも欠かせません。当然ながら、それらを実現するために、社内のさまざまな問題を解決し、常にベストな状態にしておくことは企業にとって最重要課題です。

　では、ここで少し考えてみましょう。**自社にとっての「いい会社」とは、どのような姿なのでしょうか。**

　一言でいい会社といっても、企業によって思い描く姿はさまざまです。特に、中堅・中小企業は、その成り立ちが企業ごとに大きく違うので、ひとつとして同じ特徴を持つ企業はありません。

　企業ごとに他社と差別化できるオリジナルな技術や特長を持っているでしょうし、部品や材料、食品などを製造している企業もあれ

ば、その製造装置を製造している企業もありますので、関係する企業の中で置かれている立場も違うはずです。また、部品を製造している企業であっても、金属加工を得意とする企業もあれば、樹脂成型を得意とする企業もあります。一品一品の仕様が違う装置を扱う企業もあれば、同じ仕様の装置を大量に生産する企業もあります。中堅・中小企業は、実に個性に溢れた企業ばかりなのです。

　その企業の個性が魅力となって、お客様から選ばれる存在になっていると言えます。それゆえに、**中堅・中小企業が描くいい会社の姿は、企業ごとに違っていて当たり前ですし、違うからこそ、企業の魅力をさらに増すことができる**のです。

　また、**いい会社の姿は時代と共に変わっていきます。**なぜ、今、改革活動をしようとしているのか、改革活動をしなければならないのか。企業が置かれている環境や、お客様や社会から求められていることが変化し、企業がそれに追随して変わらなければならないからであって、過去・現在・未来という時間の流れの中で絶えず止まることがない変化の渦の中にいるからです。

　中堅・中小企業の個性は、今はその企業の魅力となっていたとしても、これから先は弱みになってしまうかもしれません。そうなれば、お客様から選ばれる新たな個性を求め、いい会社の姿を変えていかなくてはいけなくもなるでしょう。

　中堅・中小企業の改革活動は、企業ごとの違いを大切にし、その企業の魅力ある個性を活かしながら、「もっといい会社にする」という成長戦略なのです。

先に進める方法を考え出して
手順をつくる

　仕事の流れや現場の作業にまで改革活動の具体化が進むと、メンバーからだんだんと出てくるネガティブエッセンスがあります。

　それが**「やれない理由」**です。

　誰が何をやるのかが具体的に見えてくるので、実現を阻害する要因が具体的に想定できるようになるため、「これができない」「あれは不可能」といった声が頻出してきます。

　そして、**やれない理由は、時間が経つとやらない理由に変化していきます**。そうなってしまったら、せっかく時間をかけて「何をするのか（What）」を社員全体に浸透させ、全社員がありたい姿を意識できたとしても改革活動は進まず、当然ながら結果など出るはずもありません。

　改革活動を進めるには、「何をするのか（What）」だけでは足りません。ありたい姿をどうやって実践するのか、どんな手段で実現するのか、どんな手順で実現するのか。そして、次々に出てくるやれない理由、つまり実現するための課題をどのように解決するのか。このような**「どうやるのか (How)」が必要**なのです。

　「どうやるのか（How）」を明確に導き出すポイントは、**誰もができる作業レベルにまで落とす**ことです。大きなハードルを小さなハー

ドルに分解して、その小さなハードルを越えることで実現に近づけていくのです。

　小さなハードルであれば、やってやれないことはありません。検討できない、決められない、理解してもらえない、などなど、やれないと思っていることを、作業レベルでやれることにまで分解していくのです。

　目の前にあるハードルが高く見え、ただ漠然とした不安を感じて「できる訳がない」と思い込み、行動に移せないというのが実状です。そして、たとえ行動に移せたとしても、「どうやるのか (How)」を考えることなく、すぐに思いつくやれそうなことから手をつけはじめて、これもダメ、あれもダメと途中で手詰まりになってしまうのが実態なのです。

　作業レベルまで落とすことができれば、やれないと思っていたことも何とかやれそうだという気持ちに変わっていきます。あとは、手順を追って、順に作業を進めるだけで、課題は解決していきます。「どうやるのか (How)」をつくる手順は、大きく２つあります。

　①できない理由を取り組む課題にする
　②課題を解決するための手順をつくる

　まずは、「できない理由を取り組む課題にする」ことからはじめます。できない理由を取り組む課題にすることは、さほど難しいことではありません。**「やれない」と誰かが言ったことを、「やるために**

はどうすればいいのか」という考えに転換するだけです。

　もし、「現場が納得してくれない」というやれない理由が出てきたら、「現場が納得してくれるにはどうすればいいのか」という考えに転換するのです。この転換自体ができないという人はまずいないでしょう。

　これまでの活動で、ありたい姿を描き、そして、その姿を実現するための仕事の流れや現場の作業を具体的にしてきました。その活動の過程でメンバーから、思いつく「できない理由」をすべて出してもらいます。その理由を解決するためになすべきことを取り組む課題として設定していくのです。

　例えば、あるべき姿として、これまで生産拠点ごとにバラバラだった原価の配賦基準を、本社で配賦基準を決めて全生産拠点で統一しようとしています。そこでは、次のようなできない理由が出てきました。

- 全社で統一した配賦基準ができるわけがない
- 本社で決めた配賦基準なんて、生産拠点で使ってくれる訳がない

　そこで、次に、そのできない理由に対して、なぜできないのかを明らかにしていきます。

　例えば、なぜ全社で統一した配賦基準をつくれないのか。ここでは、今はブラックボックスになっているからという要因が出てきて

います。さらに踏み込めば、過去に決めた配賦基準をずっと使っているので、なぜその配賦基準になっているのか今は誰もわからないということがメンバーの話でわかりました。

　誰もわからないことを、どうやって整理して全社で統一していけばいいのか……そんなことできる訳がないというのが現場の主張です。つまり、できない理由の要因は、今の配賦基準を決めた根拠がわからないということです。全社で統一した配賦基準をつくるために、今の根拠を整理しようとしてもできないというわけです。

　であれば、要因を解決するためになすべきことは明確で、今の根拠を整理することではなく、新たな配賦基準の根拠をつくることです。「全社で統一した配賦基準ができるわけがない」と誰かが言ったことを、「全社で統一した配賦基準ができるようにするためには」という考えに転換してみると、取り組む課題として「配賦基準の根拠の再設定」が必要だということがわかります。

　課題まで決まれば、次は「課題を解決するための手順をつくる」ことを行ないます。

　課題が決まり作業に移ると、どうしても課題を解決することが目的になってしまいます。その状態を「手段が目的になる」と言います。何か目的を達成するために、課題に取り組んでいるはずが、課題を解決することが目的になってしまう。そうならないために、課題解決の目的を改めて書き留めておくといいでしょう。

　さらに、課題を解決された時の状態を書き出しておきます。言うなれば、本書でたくさん出てきた「あるべき姿」の縮小版「ミニ・

あるべき姿」とでも言いましょうか。やはり、**この段階でも「何を
するのか（What)」を明らかにし、作業をする人が「ミニ・あるべ
き姿」を意識して取り組めるようにします。**あとは、誰が、どんな
作業を、どのような手順で、いつまでにやるのかを決め、各々の担
当者がその作業を実行するだけの状態。この作業が小さなハードル
として超えることができれば、改革活動を前進させられます。

　ただ、進めていくうちに、小さなハードルといえど、技術的な問
題や商習慣などが影響し、どうしても越えられないものが出てくる
可能性もあります。そうなった場合は、もう一度、作業や手順をつ
くり直し、課題を解決するための別のルートを考えるのです。
　**どのような作業や手順がいいのか、机上で良し悪しを議論してい
ても先には進みません。**実際に具体的な行動として手を動かしてみ
て、そこから突破口を見つける**愚直なチャレンジが最後に花開く**の
です。

3 「人」で押さえるポイント

プロジェクト体制を
しっかりつくる

改革活動の体制づくりは、中堅・中小企業では重要なポイントになります。**体制をつくるのは、まぎれもなく「人」です。**

プロジェクトはチームで進むものであっても、チームを構成し、物事を先に進めていくのはやはり人。つまり、人の心理の揺れ動きや安定といった要素を無視しては、改革活動の実現は果たせないのです。

最初に改革活動に着手するのはプロジェクトメンバーです。プロジェクトメンバーは、会社の問題の本質を捉えて、ありたい姿を検討することができる人を選ばなければ、改革活動が成り立ちません。改革活動をやって結果を出すためには、「もっといい会社にしたい」という強い想いを持っている人にメンバーになってもらう必要があります。

同時に、現場の人たちに影響力があって一目置かれている人を選ばなければなりません。その人たちが先頭に立って、会社をよくしていこうと旗を振り、想いを伝えていかなければ、現場の人たちはついてこないからです。

反対に、イニシアチブをとるべき人たちがプロジェクトメンバーに選ばれなかった時は、幸先のいいスタートが切れないことも予想できます。キーパーソンではない人、現場に影響力のない人がメンバーとして議論したとしたら、その議論の結果、つまり、議論をして描いた「ありたい姿」を、キーパーソンは冷ややかな目で見ることになるでしょう。

　キーパーソンとなるべき人たちには、「自分が会社のことを一番よく知っている」「自分たちが会社をまわしてきた」という自負があるものです。ですので、議論の結果に対して、賛同を得るどころか、意図的に否定的な態度をとることもあるのです。

「あいつらは何も知らないから、そんなことが言えるのだ」
「本当の問題はそこにはないんだ。そんなことやっても会社はよくならないよ」

　このように、議論をして決めたありたい姿を頭ごなしに否定されてしまうと、改革活動の足かせになってしまうのです。

　また、本当に会社にとって理想の姿であったとしても、現場に影響力のある人が「そんなことできる訳がない」「協力する必要はない」「全然、現場のことをわかってない」「それは、あいつらが決めたことだ」などと拒絶してしまったら、現場の人たちは影響力のある人の言うことを信じて、誰も改革活動に協力してくれなくなってしまいます。

その結果、課題を解決するために必要な作業をしてくれなかったり、現場に協力してもらうために、本来は必要ではなかった多大な根まわしや啓蒙、準備が必要になったりして、改革活動が遅れてしまうことや、「ありたい姿」とは程遠い姿になってしまいかねません。

　ひどい場合には、キーパーソンや現場に影響力のある人が反対勢力となって、構想はつくったけれどまったく実現されなかったという悲しい顛末を迎えることもあります。プロジェクト体制から外れた部門長が改革活動に非協力的になって、改革活動が先に進まなくなってしまった会社も実際にありますので、誰をメンバーに選ぶのかは慎重に行なわなければなりません。

　それでも、やはりプロジェクト体制をつくらないことには、改革活動をはじめることができません。先のことを見据えて、適任者は誰で、誰をメンバーに選ぶのかをじっくりと考えることが求められるのです。

全員参加型にする

　組織の枠を超えて関係部門からキーパーソンを選定する際、日常業務から離れて改革活動のために時間を確保ができるような体制をつくることが必要になります。しかし、現実にはキーパーソンは日常業務から離れることができず、改革活動に時間をかける十分な余裕がないことがほとんどです。

また、プロジェクト体制をつくることは、プロジェクトメンバーとそれ以外の社員に意識の乖離を生み、いい会社にしたいという想いを社員全員が共有できなくなってしまいます。

　プロジェクトメンバーが日常業務に割いている時間を抑えなければ改革活動は進まず、プロジェクトメンバー以外の社員にも想いを共有しなければ、改革活動の結果は得られない……。なんとも高いハードルですが、解決策もあります。

　中堅・中小企業が取り得る策が**「全員参加型プロジェクト」**にすることです。

　全員参加型とはいっても、現実的には企業の社員全員でプロジェクト体制をつくることは難しいものです。数名程度の規模の会社ならともかくとして、改革活動を行なおうとするような規模の会社では、社員全員が一堂に会して議論をすることはできませんし、改革活動の初期の段階でありたい姿を描くには、どうしても限られた人たちで検討しなければ話が進みません。人が多ければ多いほど、想いをまとめ、ありたい姿を描いていくことが難しくなるからです。

　全員参加型プロジェクトというのは、社員全員でプロジェクト体制をつくることではありません。いうなれば、**社員全員が改革活動に参加している意識を持つようにしていくこと**が大事であるという意味です。

　プロジェクトメンバーとそれ以外の社員に意識の乖離が生まれるのであれば、乖離が起きないようにすること。そして、想いを社員

全員が共有できなくなるのであれば、積極的に共有できるようにすることが大事なのです。

　実際に、改革活動が全社に広がり、目に見えるかたちで結果が出ている中堅・中小企業は、社員全員が改革活動に参加している意識を醸成するためにさまざまな手を打っています。

　例えば、プロジェクトリーダーが、自分たちの現場や部門で、改革活動のことや改革活動でやっていること、そして検討の時にプロジェクトメンバーから出てきた想いを、自分たちの現場や部門の社員に積極的に話したりします。

　もしかしたら、その想いや活動の内容に反対の社員もいるかもしれません。その場合でも、一方的に話すのではなく、反対意見を持った人たちにはその場で発言をしてもらい、次の改革活動での議論でその人たちの意見も取り入れながら検討を進めています。

　また、多くの中堅・中小企業では、離れた場所にいくつかの生産拠点や販売拠点があることが多く、物理的な距離感が、心の距離感となってしまうことがあります。「改革活動なんて本社がやっていることで、本社の論理や都合で、いろいろ面倒なことを押しつけられる」という意識が生産拠点や販売拠点にはあります。そのようなことがないように、離れた拠点にも頻繁に説明に行き、生産拠点や販売拠点と一体になって改革活動を進めているという気持ちを持ってもらったりしています。すると、「いつもは本社から指示するだけなのに、わざわざ我々のために来てくれた」という気持ちを持っても

らえたりもします。

　ある企業では、次のような内容で年に3～4回、研修を行なっていました。

- 世の中の動向や自分の会社の置かれている環境、会社が進めている改革活動で何を目指しているのかを共有する

- グループディスカッションを取り入れ、改革活動に関するテーマを与えて議論し、参加者が実際に改革活動に参加しているという意識を持ってもらう

- セレモニーのような研修にならないように、研修の受講を人事評価につなげて、積極的に参加してもらう

　最終的にこの企業は、この研修を3年間続けて、全社員に研修を受けてもらいました。
　また、小さな取り組みではありますが、事務局が定期的に改革活動のかわら版をつくり、社員だけでなく、一緒に働くパートタイム社員やアルバイトの人たちにも配って、全社的に意識を持ってもらうような工夫を取り入れてもいます。

　このように、**さまざまな手を打ちながら、社員全員が改革活動に参加している意識を醸成できるようにしている**のです。

現場や部門には、改革活動に対する反発心や、ありたい姿に反対する勢力が必ずいます。その人たちはまわりを自分たちのペースに巻き込み、反対者を増やしていって全員参加型の雰囲気を壊してしまいます。そのような**反対勢力を減らす努力、増やさない努力も怠ってはいけません**。

　反対勢力から出てくる「できない理由」を、実行するための課題に変えていき、全員でアイデアを出し合いながら、ひとつずつ解決をしていく。その過程を経て「やれるのではないか」という気持ちになってもらえるようにするなど、改革活動への参加意識を持たせるための努力は、いくらやってもやりすぎになるようなことはありません。

　最終的に、**現場や部門が改革活動に参加している意識を醸成し、社員全員が動きはじめると、プロジェクトメンバーとして参加しているキーパーソンの時間的な負担は徐々に減っていきます**。キーパーソンが考える時間、キーパーソンが分析して資料をつくる時間、キーパーソンが自分の部署の社員に伝えて理解をしてもらう時間を減らすことができます。

　全員参加型プロジェクトは、キーパーソンの時間の制約も解決してくれるのです。

想いを広げ続け、
地道に歩む

　中堅・中小企業にとって、改革活動をはじめ、活動を継続し、結果を出すことは非常に難しいことに違いはありません。改革活動をはじめる前のプロジェクト体制づくりからつまずく企業だって少なくはないのです。それでも、いい会社に変えたいという望みがあるのであれば、改革活動をはじめて、結果を出すまでやり続けなければなりません。

　中堅・中小企業は、**社員一人ひとりの意識が改革活動に大きく影響を及ぼします**。社員が改革活動をやっていることすらも知らず、無意識や無関心であったり、意識や想いがバラバラだったりしたら、結果なんて出すことはできません。結果が出ないどころか、改革活動そのものが、途中で暗礁に乗り上げて進まなくなってしまいます。

　だからこそ、**社員個々が改革活動に参加しているという意識を持ち、いい会社にしたいという想いを共有して、ありたい姿というひとつの方向に向って動きはじめる**必要があります。

　社員の意識を変えることは、簡単ではありません。時間も手間もかけずに一瞬で想いを共有できるような夢のような方法などはありません。**地道に、着実に思いを伝播させていくことこそが、唯一の方法であり王道なのです。**

　想いを理解して共有できるようにするためには、手間を惜しんで

はいけません。時間がなかったり、反対勢力に押されたりして、どうしても「あの人たちには何を言っても聞いてくれないから」「言ってもイヤな顔をされるだけだから」と手を抜き、「今は忙しいから時間ができてからにしよう」と後まわしにしたくなってしまいます。

　しかし、たとえプロジェクトメンバーだけで改革活動を進め、ありたい姿をつくり上げることができたとしても、そこに社員全員の想いがなければ、それは中身の伴わない張りぼてでしかありません。ありたい姿をつくり上げたのだから、改革活動には成功したと言えるでしょう。でも、中身が伴わなければ結果を得ることはできません。**求めるものは、改革活動の成功ではなく結果のはずです。**

　もっとも、時間をかけて課題を解決し、ありたい姿を実現したのに、結果が出る企業と出ない企業はどうしても出てきます。結果とは、ありたい姿を実現した後に得るもののことで、そもそも何のために改革活動をはじめて、改革活動をやることで何を得たかったのかということです。**ありたい姿は実現できたのですから、改革活動は成功したと言えます。しかし、結果が出ない企業にとっては、改革は失敗してしまったのです。**

　例えば、在庫削減をしてキャッシュフローをよくするために改革活動を行なった企業があるとします。この企業が求める結果は「在庫削減をしてキャッシュフローがよくなっていること」です。改革活動をはじめて、在庫を削減するためには、我が社はどのような姿になるべきか、在庫削減をした結果どのような姿でありたいのか、

というイメージを描きました。

　その姿を実現するためには、需要予測の精度を上げて、製造のリードタイムを削減するという取り組みが必要だということもわかりました。需要予測の精度が上がれば、予測が外れた時のために持っていた在庫を減らすことができます。製造のリードタイムを削減すれば、ラインに流れている在庫の量を減らすことができます。

　それらの取り組みに対して「需要の予測なんて、やるだけ無駄」とか「取引先がリードタイムの短縮に応じてくれるわけがない」などのやれない理由が出てきましたが、それらを一つひとつ解決することで、何とか改革活動も進み、需要予測の精度も上がり、製造のリードタイムも削減することができました。つまり、改革活動は成功しました。

　では、この企業は、在庫削減ができて、キャッシュフローがよくなったのでしょうか。

　この企業にとっては、在庫を削減してキャッシュフローをよくすることが、改革活動を行なって求めたかった結果です。しかし、改革活動によって需要予測の精度も上がり、製造のリードタイムも削減できたのに、在庫は減りませんでした。その企業にとって改革は失敗したのです。

「そんなことがあり得るのか？」と疑問に思われるかもしれませんが、**多くの企業が、改革活動は成功したのに、改革は失敗するというケースに直面しています。**

ありたい姿を実現し、企業に結果をもたらす大きな要因は人の想いです。なぜ会社を変えたいのか、変えなければならないのかという「改革活動の目的（Why）」があって、その目的を達成してもっといい会社にしたいという想いを、**活動をはじめた時から結果が出るまで持ち続け、企業の全社員が意識して新しい業務をしなくては、成功への道は途絶えてしまうのです。**

　結果が出ない企業は、往々にして、この想いが薄れていき、最後に忘却されてしまいます。最初のありたい姿を描く時には、自分たちの会社をこのように変えたいという想いがあったはず。それなのに、長い時間をかけ、手順を追いながら課題を解決していくうちに、課題を解決することが目的となり、ありたい「姿」を実現することに邁進してしまったのです。そして、その想いの伴わない「姿」では、とても結果なんて出すことができないのです。

　先の例で言えば、改革活動によって需要予測の精度を上げることができたとしても、予測が外れた時のために持っていた在庫をなくそうという意識がなければ、これまでと変わらず在庫を持ち続けることになるでしょう。そこに、在庫削減をしてキャッシュフローをよくするという目的を達成しようという強い想いがなければ、ただ単に、需要予測の精度を上げることで満足してしまいますし、想いの伴わない需要予測では、いくら精度が上がっても結果が出ないのです。

結果が出る改革活動をするためには、「なぜやるのか (Why)」「何をやるのか (What)」「どうやって実現するのか (How)」の３つの組合せが求められ、どれが欠けても改革活動は成功しません。

　繰り返しますが、**何よりも、自分たちの会社をもっといい会社にしたいという想いを、改革活動をはじめた時から活動が終わるまで忘れずに持ち続け、その想いに向かって改革活動を方向づけしていくことが不可欠**なのです。

やりすぎくらいがちょうどいい

　ある企業で、業務改革のプロジェクト活動がはじまって数ヶ月してからのことです。私は、社員食堂で食事を一緒にとりながらプロジェクトメンバーに質問をしました。

「ここにいる社員の中で、このプロジェクトのことを知っている人は何人いますか」

　実はこれは、私が支援する企業でいつも必ずしている質問です。
　食堂では、400 名いる大半の社員が食事をしていました。プロジェクトメンバーはまわりを見渡しながら、これまでプロジェクトに関わっている人がいないか探していたのですが、なかなか見つかりません。それでも何人か見つけたようで、「我々を除くと、4 人か 5 人ですかね」と答えてくれました。

　プロジェクトメンバーは 4 人。それ以外にプロジェクト活動のことを知っているのは 4 人か 5 人。トータルしても 10 人にも満たない数です。つまり、400 人の社員の中でプロジェクトのことを知っているのはたったの 10 人だけ。ほぼすべての社員が、改革活動が行なわれていることを知ることもなく、いつもと変わらない日々の業務をやっているということです。プロジェクトメンバーは、私の質問の意図を感じ取ったようで、「こんな少ない人数では、業務改革なん

てうまくいくわけがないですよね」と深く反省なさっていました。

　私は、プロジェクトを支援する立場でプロジェクト活動に参加することが多いのですが、業務改革やビジネスプロセス改革などのプロジェクト活動を進めていく上で大きな障害だと感じることのひとつが、プロジェクトメンバーと現場の温度差です。

　一般的に業務改革や情報システム開発はプロジェクト単位で進められ、プロジェクトメンバーが選定されて会議室やプロジェクトルームに集まって検討や分析、資料づくりが進められます。プロジェクト活動に参加している人たちは、「参加していない人は何も知らない」「プロジェクト活動そのものの存在すら知らない」ということにさえ気づくことはなく、その差を埋める重要性にも気づくことはありません。

　プロジェクトに参加している人たちと、プロジェクトにかかわらない人たちとの間に大きな意識の差や情報の差があり、時間の経過と共にその差が大きくなると、その差は社員間での温度差になっていきます。温度差が生まれはじめていることに気づかずに放っておくと、最悪の場合、プロジェクト活動が止まってしまうことにもなってしまいます。

　その問題に身をもって気づいてもらうために、社員食堂やオフィススペースなどのあえて多くの社員の集まる場所で、その場を見渡し

ながら「ここにいる社員の中で、このプロジェクトのことを知っている人は何人いますか」という質問を投げかけるようにしています。

　プロジェクト活動で確実に結果を出していくためには、プロジェクトメンバーと現場の温度差をなくさないといけません。そのためには、プロジェクトに参加していない人たちとの普段からのコミュニケーションが大事です。「知っているはず」「わかっているはず」と思わず、丁寧に理解を深めていく必要があります。そして、「これで大丈夫」と思うレベルの何倍もの時間と労力をかけて、ちょっとやりすぎかなと思うぐらいがちょうどいいのです。

おわりに

　私は、これまでさまざまな中堅・中小企業の改革活動に関わり、中堅・中小企業の多様性に魅せられながらも、その多様性ゆえの改革活動の難しさを経験してきました。

　また、過去に何度も改革活動をやったにもかかわらず、途中で意欲を失ってしまったり、立ち消えになってしまったり、仕事のやり方を変えたにもかかわらず、何も結果を出せなかったりした企業も見てきました。

　改革活動で結果を出すためには、人やお金、また時間といったリソースや、組織や仕組みといった企業の活動基盤に関する一定の条件が整っている必要があります。これまでの標準的な方法論は、ある程度の条件が整っているという前提で改革活動に使えるようになっていました。

　しかし、本書で一貫して述べているように、中堅・中小企業は、リソースや活動基盤のどれか、もしくは、すべてが整っていないことが多く、事業環境により置かれている立場も企業ごとに違います。この違いが、中堅・中小企業固有の特徴でもあり、改革活動を難しくする要因にもなっています。

　標準的な方法論が通用せず、情報システム開発会社が行なう情報システムの開発は成功させることはできても何ら結果を出せない。しかし、それでも何とか今あるリソースや企業の活動基盤を使い、

生き残りをかけて改革活動に取り組み、結果を出さなければなりません。そのためのひとつの解として、プロジェクトディレクションを解説してきました。

　プロジェクトディレクションは、企業に働く人たちの時間や労力を、無駄にすることなく改革活動にかけて、企業に働く人たち全員が、自らの意志で結果に向かって邁進していくことを目指すものです。

　中堅・中小企業にとって人は代えがたい財産であり、企業を動かしているのはその人たちにほかなりません。ならば、人の意志が変われば企業を変えることができます。社員全員が同じ想いを共有し、同じ方向に動いていくことができれば、最大の結果を生むのです。

　社員一人ひとりの想いを醸成し、ひとつの方向に向かわせるための仕掛けを方法論に織り込んで進める。これまで関わった中堅・中小企業の改革活動を振り返り、うまく結果を出すことができた企業と、出せなかった企業の差は、まぎれもなくここにありました。

　もちろん、中堅・中小企業の多様性ゆえに、その企業に合わせた方法論が確立される必要があります。そこが、中堅・中小企業の改革活動の難しさでもあるのです。

　話は変わりますが、本書を手に取られている皆様は、2020 年の春に起きた未曽有の疫病流行を乗り越えるために必死で知恵を絞り、歯を食いしばり、闘ったご経験をお持ちであると拝察いたします。新型コロナウイルス感染症（COVID-19）によるパンデミックは、国

内のみならず、世界的に経済を大混乱に陥れました。

　経済の混乱だけでなく、この一連の歴史的事象は、人の心に深い影を落としています。対面による業務に対する恐れや不安です。また、一方でリモートによる対話が一気に市民権を得て、世の中の対話形式が大きく様変わりしました。

　システム開発会社がクライアント先へ訪問することができず、プロジェクト活動が停滞するほか、プロジェクトメンバー同士が顔を突き合わせて活発に議論をしていた検討会合がオンラインの画面を通じてのやりとりに変わる……。直接対話と比べると、リモートの対話では、どうしても温度感を感じ取ったり、表情や仕草からの情報をキャッチすることが難しくなりがちです。

　実は、これらの変化によって、人と人とが深く関わり合うプロジェクトディレクションのありようそのものが大きく変わるのではないかと懸念し、本書を発行することが正しい選択なのかと悩み抜きました。しかしながら、時間が経過するにつれ、考え方は変わりました。

「プロジェクトディレクションの本質は、やはり企業が改革を成し遂げる上で不変の法則である」

　リモートにすることにより、直接対話では見落とされがちな面もクローズアップされてきました。打ち合わせの無駄が省かれ、本当

に必要な話題にフォーカスされやすくなりました。また、個々の役割が明確になり、これまで惰性で行なってきた「当たり前だったこと」に疑問の目が向けられ、本当に必要なことが炙り出されてきたりもしています。

　つまり、ハイスピードで変革していく世の中にあって、プロジェクトディレクションの本質である、広さ、時間、深さという特徴が鮮明に浮かび上がったのです。
　これまで「できない」「やらない」「まだ大丈夫だろう」と言っていたことが、半ば強制的に変革しなければならない状態になり、柔軟に変化に対応できる企業は、おのずとプロジェクトディレクションの工程を実践することになるのです。

　このことは、著者である自分からしても、この上ない発見につながりました。
　世界を不安のどん底にたたき落とした疫病のパンデミックに限らず、昭和のオイル・ショックや平成のバブル崩壊、リーマン・ショックのような経済現象はこれから先、いつどう襲ってくるかわかりません。でも、プロジェクトディレクションの本質には、企業を成長させるだけでなく、危機を乗り切るために必要な要素が詰まっていることがわかったのです。この要素は、まさに人類が経済活動を続けていく上での「本能」とも呼べる部分であるといっても過言ではありません。

"ニューノーマル"という言葉が示す新世界は、間違いなく、結果というものが求められてくる時代になるはずです。

　結果、すなわち、常に新しい未来図を描き続け、自社が未来でどんな結果を出していくのかをより鮮明に想像できる企業だけが勝ち残る世界です。確実に、実現性を伴う事業を営む企業が成長していくでしょう。

　同時に企業の体質も、大企業のような巨大組織が先導するのではなく、組織はミニマイズされ、グローバルを前提とした標準化の世界ではなくなっていくようにも思えます。

　変化が当然である時代だからこそ、今回、本書にてプロジェクトディレクションの大きな枠組みと、改革活動で結果を出していくための、従来の問題解決型アプローチに代わる新たなアプローチを提示できたことに意味があると再認識いたしました。

　改革活動の難しさを少しでも和らげ、悩む時間を減らし、前に進む推進力を得るためのエネルギーの一部になり得ていますと、著者としてこれほどの幸せはありません。

　本書に書かれている内容を実現していただくことが、必ずや改革活動の結果に結びついていくはずだと信じてやみません。是非とも、プロジェクトディレクションを利用して、皆様の企業が結果を出すための、皆様なりの方法論をつくり上げていただけることを心より願っております。

最後になりましたが、本書を作成するにあたり、構成や編集に多大なご協力をいただきました新田哲嗣さん、コロナ禍の中、出版までのスケジュール調整にご尽力いただきました同文舘出版編集担当の津川雅代さん、出版を応援していただいた方々に、この場をお借りして厚く御礼申し上げます。

　　令和 2 年 7 月　　　　　　　　　　　　　　　　小久保重信

小久保重信（こくぼ しげのぶ）

株式会社ビズブロックス　代表取締役社長
1991 年三菱重工業株式会社に入社。回転翼機の飛行制御装置の設計・開発を
担当。1999 年国内独立系コンサルティングファームにて、理系出身のコンサ
ルタントとして大手製造会社のサプライチェーン構造改革等の案件に従事。企
業内コンサルタントの育成など、知識や経験をメソッドにして改革人財の育成
にも携わる。
2009 年に株式会社ビズブロックス（創業時は有限会社ビズブロックス）を設
立し、大手機器製造会社、食品製造会社、製薬会社、装置製造会社等にて、製
造業の業務効率化、製販一体サプライチェーン構築、調達コスト削減、ハイブ
リッド生産管理構築、管理会計のしくみ構築などを対象に、戦略・企画立案か
ら IT 戦略の立案・導入、業務プロセス改革等を実行し結果が出るまでのプロジ
ェクト支援を実施。その他、工事・建設会社、電力会社、卸会社など、業種業
態を問わず、幅広い経験と知識を活かして企業の個性や特性に合わせたオール
ラウンドなコンサルティングを提供している。

株式会社ビズブロックス
ホームページ　https://www.bizblocks.co.jp/
Tel　03-4296-4856

中堅・中小企業のための
確実に結果に導くプロジェクトディレクション

2020 年 8 月 13 日 初 版 発 行

著　者 —— 小久保重信

発行者 —— 中島治久

発行所 —— 同文舘出版株式会社

東京都千代田区神田神保町 1-41　〒 101-0051
電話　営業 03（3294）1801　編集 03（3294）1802
振替 00100-8-42935

©S.Kokubo　　　　　　　　　　ISBN978-4-495-54063-0
印刷／製本：萩原印刷　　　　　Printed in Japan 2020